AF282860

LAS TRIBULACIONES ACTUALES
DEL DERECHO PÚBLICO

MIGUEL AYUSO

LAS TRIBULACIONES ACTUALES DEL DERECHO PÚBLICO

Marcial Pons

MADRID | BARCELONA | BUENOS AIRES | SÃO PAULO

2026

Esta colección se edita con la colaboración de la Fundación Francisco Elías de Tejada.

El presente volumen ha gozado también de la ayuda de la Fundación Speiro.

Quedan rigurosamente prohibidas, sin la autorización escrita de los titulares del «Copyright», bajo las sanciones establecidas en las leyes, la reproducción total o parcial de esta obra por cualquier medio o procedimiento, comprendidos la reprografía y el tratamiento informático, y la distribución de ejemplares de ella mediante alquiler o préstamo públicos.

© Miguel Ayuso
© Fundación Francisco Elías de Tejada
© MARCIAL PONS
EDICIONES JURÍDICAS Y SOCIALES, S. A.
Tamayo y Baus, 7, 1º izq. - 28004 MADRID
☎ (91) 304 33 03
www.marcialpons.es

ISBN: 979-13-87913-62-5

Depósito legal: M 3588-2026

Diseño de la cubierta: ene estudio gráfico

Fotocomposición: Gregorio González Sánchez

Impresión: Artes Gráficas Huertas, S. A.
C/ Antonio Gaudí, 15
Polígono Industrial El Palomo - 28946 Fuenlabrada (Madrid)
MADRID, 2026

Colección
Prudentia iuris

Director
Miguel Ayuso

La definición clásica de la jurisprudencia —en su sentido riguroso de prudencia del Derecho— como la ciencia de lo justo y de lo injusto por medio del conocimiento de todas las cosas humanas y divinas, de un lado, abre la ciencia jurídica a la experiencia en su integridad, mientras que, de otro, centra su especificidad en la determinación de lo justo y el discernimiento de lo injusto. Así, lo justo jurídico, determinado prudencialmente, adquiere un estatuto propio entre la virtud de la justicia y las exigencias de la politicidad natural del hombre, concretada en el bien común.

[20] Gonzalo FERNÁNDEZ DE LA MORA, «La crisis del parlamentarismo», loc. cit., p. 278. «Es lo que acontece, por ejemplo, en Inglaterra y en Alemania donde lo que, en definitiva, [...] primer ministro socialista o uno conservador. Las listas de candidatos incluyen a hombres de confianza del líder que se limitan a actuar como [...] de designar presidente y, en cualquier caso, como simples números para votar sus iniciativas en el parlamento.»

Para María

ÍNDICE

	Pág.
INTRODUCCIÓN	15

CAPÍTULO I. LAS TRIBULACIONES DE LA CONSTITUCIÓN ... 19

I.	INTRODUCCIÓN	19
II.	EL CONSTITUCIONALISMO	23
III.	EL CONSTITUCIONALISMO RACIONALIZADO	29
IV.	EL NEOCONSTITUCIONALISMO	34
V.	ENTRE EL NEOCONSTITUCIONALISMO Y EL POSCONSTITUCIONALISMO	41
VI.	LA DISOLUCIÓN DEL CONSTITUCIONALISMO	47

CAPÍTULO II. LAS TRIBULACIONES DEL PARLAMENTO ... 51

I.	LA PARTICIPACIÓN	51
II.	LA REPRESENTACIÓN	53
III.	REPRESENTACIÓN Y GOBIERNO	57
IV.	¿AUTÉNTICA REPRESENTACIÓN?	59
V.	EL PARLAMENTARISMO Y SU EVOLUCIÓN	63

Pág.

VI. LA CRISIS DEL PARLAMENTARISMO .. 67
VII. EL DESAFÍO POPULISTA 73
VIII. ¿CRISIS DEL PARLAMENTARISMO, DE
LA DEMOCRACIA O DEL ESTADO? 78

CAPÍTULO III. LAS TRIBULACIONES DE LA ADMINISTRACIÓN DE JUSTICIA 85

I. INTRODUCCIÓN 85
II. EL PODER DE LOS JUECES EN EL
CUADRO DE LA «SEPARACIÓN DE PO-
DERES» 86
III. ¿DE LA ADMINISTRACIÓN DE JUSTI-
CIA AL «PODER JUDICIAL»? 90
IV. DE LA CRISIS DEL DERECHO A LA CRI-
SIS DE LA LEY MODERNA 94
V. LA FUNCIÓN JUDICIAL 100
VI. ¿JUSTICIA CONSTITUCIONAL? 107
VII. CONCLUSIÓN 112

CAPÍTULO IV. LAS TRIBULACIONES DEL DERECHO PÚBLICO ECLESIÁSTICO 115

I. INTRODUCCIÓN 115
II. UN BREVE EXCURSO TERMINOLÓ-
GICO 116

1. Laico y seglar 116
2. Laicismo y laicidad 121

III. EL LAICISMO EN EL LENGUAJE DE LA
IGLESIA 123
IV. LA LAICIDAD EN EL LENGUAJE DE LA
IGLESIA 128
V. LA CONCEPCIÓN CLÁSICA DE LAS
DOS *POTESTADES* 138

		Pág.
VI.	LA LAICIDAD MODERNA Y SUS VERSIONES	144
VII.	CONCLUSIÓN: EL REFLEJO DE LA LAICIDAD EN LA IGLESIA	153

ÍNDICE ONOMÁSTICO 161

INTRODUCCIÓN

Se reúnen aquí cuatro textos de procedencia distinta, pero concepción y presentación orgánica, que giran en torno —como indica el título general y el de los capítulos— de las tribulaciones hodiernas del derecho público. Se centran los tres primeros en institutos nucleares de éste, tales como la Constitución, el Parlamento o la Administración de Justicia. Mientras que el cuarto examina los problemas del derecho público eclesiástico. Han sido revisados, a fin de evitar excesivas reiteraciones, e integrados en algunos casos con partes de otros textos del autor, allí donde era necesario.

El primero tuvo su origen en la iniciativa del profesor Danilo CASTELLANO de examinar los problemas y dificultades que para el constitucionalismo puso en evidencia la epidemia de COVID-19. Solicitaron a quien escribe que trazara, en un primer capítulo, el panorama general. Se publicó en italiano. Y, posteriormente, pero en una versión sensiblemente distinta, en francés y castellano, lo recogieron respectivamente las revistas *Catholica* y *Verbo*. El segundo procede del *Libro homenaje a Ignacio Astarloa*, adaptado luego como discurso de ingreso en la Academia Colombiana de Jurisprudencia y Legislación, versión que es la recogida y revisada aquí. El tercero parte de un artículo publicado en francés en la revista antes mencionada y en castellano en la *Revista Chilena de Derecho Público*. Hemos añadido ahora un epígrafe final, previo a la conclusión, sobre la justicia constitucional, que procede de otro trabajo publicado en la revista portuense *Notandum*. El cuarto y último se ha publicado con las actas de un congreso internacional celebrado en Santafé de Bogotá.

Inicialmente había pensado incorporar otros cuatro textos. El primero sobre las tribulaciones de la nación. Y los otros dos sobre las formas de gobierno y la justicia constitucional. Así como un colofón sobre las tribulaciones de la educación. Finamente hemos preferido limitarnos a los cuatro dichos. Nación y educación nos sacaban un tanto del carril estricto por el que discurren estas páginas. Mientras que gobierno y tribunal constitucional podían integrarse en los trabajos ya escogidos. El primero, a propósito del juego de sus relaciones con el parlamento. Y el segundo, ya lo hemos adelantado, como apéndice de las reflexiones sobre la jurisdicción. Resulta así un conjunto más armónico que cabe, además, en un volumen de la serie minor.

Estas páginas se integran, pues, en dos de las líneas que he cultivado principalmente durante cuarenta años en mi quehacer universitario, junto con una tercera centrada en el derecho natural y una cuarta en la tradición política española. Me refiero, de un lado, a los estudios sobre el Estado, en la coyuntura de la crisis de la modernidad. Que han dado lugar a muchos papeles, pero que se encuentran reunidos en buena medida en cuatro volúmenes: *¿Después del Leviathan?* (1996), *¿Ocaso o eclipse del Estado?* (2005), *El Estado en su laberinto* (2008) y *¿El pueblo contra el Estado?* (2022). Así como, de otro, a las páginas sobre la problematización de la Constitución y el constitucionalismo. Que también se hayan dispersas en volúmenes colectivos y revistas, pero que se pueden concentrar principalmente en dos volúmenes: *El ágora y la pirámide* (2000) y *Constitución. El problema y los problemas* (2016).

Miguel Ayuso
Madrid, 12 de septiembre de 2025
Fiesta del Dulce Nombre de María Santísima

CAPÍTULO I

LAS TRIBULACIONES
DE LA CONSTITUCIÓN

I. INTRODUCCIÓN

La naturaleza humana se desarrolla en la historia, de manera que, frente a la vieja y falsa controversia entre naturaleza e historia, el derecho natural clásico fue capaz de conjugar lo permanente de sus principios con lo histórico de sus aplicaciones[1]. Y armonizar así los inmutables principios del derecho natural con las mudables aplicaciones de la historia a través del derecho positivo, complemento de aquél, que constituye además su fundamento[2].

Pero la historia no incide por igual en todas las realidades humanas. Si nos referimos a las políti-

---

[1] Véase AA.VV., *El derecho natural hispánico*, Madrid, Escelicer, 1973, que recoge las actas de las I Jornadas Hispánicas de Derecho Natural, organizadas por el profesor Francisco ELÍAS DE TEJADA y celebradas en Madrid entre los días 10 y 15 de septiembre de 1972.

[2] Alain SÉRIAUX, *Le droit naturel*, 2.ª ed., Paris, PUF, 1993, pp. 55 y ss.

cas, encontramos que la comunidad política o el gobierno son realidades permanentes, mientras que el Estado o la Constitución se hallan ligadas a un contexto concreto fuera del cual no son concebibles. El Estado, por ejemplo, es el Estado *moderno*, que nació en el siglo XVI para poner fin a la anarquía producida por las guerras de religión[3]. Y la Constitución se definió en su momento auroral por la ideología liberal surgida del ambiente cultural de la Ilustración, con la garantía de los derechos y la separación de poderes como pilares[4]. Podríamos añadir aún a los anteriores la democracia, forma de gobierno vista por lo general con desconfianza a lo largo de los siglos y convertida en cambio a partir del siglo XVIII en el fundamento del gobierno[5].

Es cierto, por seguir ahora el orden inverso, que con frecuencia se hace pasar el segundo de los sentidos de la democracia a través del primero[6]. Como que, en lo que toca a la Constitución, hay quien ha

---

[3] Álvaro D'ORS, *Una introducción al estudio del derecho*, 8.ª ed., Madrid, Rialp, 1989, p. 118. Véase Miguel AYUSO, *¿Después del Leviathan? Sobre el Estado y su signo*, 2.ª ed., Madrid, Dykinson, 1998.

[4] Danilo CASTELLANO, *Costituzione e costituzionalismo*, Napoli, Edizioni Scientifiche Italiane, 2013, pp. 47 y ss. (hay edición castellana contemporánea, Madrid, Marcial Pons, 2013).

[5] Danilo CASTELLANO, *Introduzione alla filosofia della politica. Breve manuale*, Napoli, Edizioni Scientifiche Italiane, 2021, pp. 105 y ss. (hay edición castellana contemporánea, Madrid, Marcial Pons, 2021).

[6] Es el caso del libro del conocido helenista español Francisco RODRÍGUEZ ADRADOS, *Historia de la democracia. De Solón a nuestros días*, Madrid, Ediciones Temas de Hoy, 1997, que acomuna ambas experiencias. En sentido opuesto, Jean MADIRAN, *Les deux démocraties*, Paris, NEL, 1977, quien subraya la radical heterogeneidad entre ambos.

hablado de constitución e incluso de constituciona-lismo antiguos[7]. Finalmente, respecto del Estado, la literatura política más difundida lo ha extendido a cualquier momento de la historia[8]. Anacronismos en el mejor de los casos, pues en otros puede hablarse propiamente de contrabando intelectual al servicio de finalidades operativas. Otra cosa es que en los tres casos exista un uso anterior al *moderno*, más o menos difundido, pero entre ambos media un abismo, el que separa la clasicidad y la modernidad.

En relación con la Constitución, que es el tema concernido en estas páginas, es conveniente distinguir el sentido lato, que identifica Constitución con la ley fundamental de una comunidad, del estricto que añade a ésta la ideología liberal[9]. En puridad la acepción estricta es la originaria, mientras que

------

[7] Alcanzó fama en tal sentido el libro de Charles H. McILWAIN, *Constitutionalism: ancient and modern*, ed. revisada, New York, Ithaca, 1947, y últimamente el de Maurizio FIORAVANTI, *Costituzione*, Bologna, Il Mulino, 1999. Aunque es más chocante el primero, por referirse al constitucionalismo, que el segundo, que lo hace a la Constitución. Puede verse en contra Miguel AYUSO, *Constitución. El problema y los problemas*, Madrid, Marcial Pons, 2016 (hay edición italiana, *Costituzione. Il problema e i problemi*, Napoli, Edizioni Scientifiche Italiane, 2019).

[8] Es el caso, por ejemplo, de Theodor MOMMSEN, *Römisches Staatsrecht*, Leipzig, S. Hirzel, 1874, o de Otto VON GIERKE, *Das deutsche Genossenschaftrechts*, 4 vols., Berlin, Weidmann, 1868-1913. Frente a ellos, se ha afirmado la historicidad estricta del Estado por Carl SCHMITT, *Der Leviathan in der Staatslehre des Thomas Hobbes*, Hamburg, Hanseatische Verlagsanstalt, 1938.

[9] Así pasa en algunos de los sentidos, aunque no en los más importantes, enumerados por Carl SCHMITT, *Verfassungslehre*, München-Leipzig, Duncker und Humblot, 1928.

la lata surgió de una generalización producida por
la inestable experiencia política del siglo XIX. En
efecto, tras la revolución liberal, el liberalismo doc-
trinario, de un lado, y el marxismo, de otro, con-
tribuyeron a que en Europa la idea constitucional
se difuminara, mientras en los Estados Unidos de
América se conservaban sus elementos nucleares.
Sólo entrado el siglo XX, con las Constituciones
de después de la Primera Guerra Mundial y, sobre
todo, después de la Segunda, con el constitucionalismo racionalizado y las Constituciones en serie,
volvió el sentido primigenio, si bien con notables
influencias del modelo norteamericano. A los dos
ejes antes mentados se sumó por tanto un tercero,
el de la supremacía normativa de la Constitución
por medio del control constitucional de las leyes,
que dio lugar primeramente a los llamados tribunales constitucionales y más adelante a la aplicación
judicial de la Constitución[10]. Ese modelo del constitucionalismo racionalizado todavía conocerá profundas transformaciones en la forma de gobierno y
en el sentido de los derechos, llegándose a hablar
de un neoconstitucionalismo, que más bien parecía
un posconstitucionalismo, e incluso ha saltado por
los aires en los últimos tiempos de resultas de la
llamada emergencia sanitaria[11].

De todo ello vamos a tratar sucintamente.

---

[10] La síntesis, más entusiasta que aséptica, es de Eduardo GAR-
CÍA DE ENTERRÍA, *La Constitución como norma y el Tribunal Constitucional*, Madrid, Civitas, 1981.

[11] Véase Miguel AYUSO, *De la crisis a la excepción* (y vuelta),
Madrid, Marcial Pons, 2021.

II. EL CONSTITUCIONALISMO

Cuando los revolucionarios franceses estamparon en el art. 16 de su declaración *de intenciones* que no había Constitución donde no estuvieran garantizados los derechos individuales y determinada la separación de poderes[12], probablemente estaban lejos de comprender de forma cabal el significado de su afirmación. Porque no se trataba simplemente de ceñir el fenómeno constitucional a unas exigencias más o menos fundadas, sino de dar en verdad a luz la ideología constitucionalista. De ahí que se haya podido decir que el derecho constitucional es el «derecho natural del Estado moderno»[13]. El constitucionalismo no es otra cosa, consiguientemente, que la *ideología* de la Constitución liberal[14], esto es, la doctrina que sufre el espejismo de pretender controlar el poder, y en exclusiva, tanto a través de la técnica de su «separación» geográfica,

---

[12] Pues no es otra cosa en puridad la llamada Declaración de derechos del hombre y del ciudadano de 1789. El artículo citado reza así: «*Toute société dans laquelle la garantie des droits n'est pas assurée ni la séparation de pouvoirs déterminée, n'a point de Constitution*».

[13] Es la sabia caracterización de Pietro Giuseppe Grasso, *El problema del constitucionalismo después del Estado moderno*, Madrid, Marcial Pons, 2005, pp. 23 y ss. Entre quienes han advertido con mayor claridad la importancia de la misma se encuentra Dalmacio Negro, *Sobre el Estado en España*, Madrid, Marcial Pons, 2007, p. 46. Ricardo Dip, por su parte, ya desde el título, ha realizado una traslación respecto del asunto que aquí nos interesa: «Neoconstitucionalismo, direito natural da pós-modernidade», *Anales de la Fundación Elías de Tejada* (Madrid), n.13 (2007), pp. 193 y ss.

[14] Se remite a Miguel Ayuso, *El ágora y la pirámide*, Madrid, Criterio Libros, 2000, capítulo 2, para un mayor desarrollo de la cuestión (hay edición italiana, Torino, Giappichelli, 2004).

como en virtud de unos derechos del hombre tutelados por la ley, de la que en la práctica dependen, y que finalmente se reducen al ejercicio de la libertad negativa, esto es, sin regla[15].

En lo que se refiere al primero de los temas, por su origen histórico ha podido pensarse que el constitucionalismo surgió de la lucha contra el absolutismo estatal de forma monárquica, cuando en realidad procedía más bien de una nueva concepción de hombre y la sociedad engendrada por la modernidad[16]. La soberanía, esto es, la afirmación y reivindicación de la libertad negativa del Estado moderno, pasará de su encarnación en la persona del rey a la «nación» primero y el «pueblo» después, dando lugar a nuevas y más radicales formas de absolutismo. Pues, de un lado, el de las monarquías venía sujeto por múltiples mediaciones religiosas e institucionales de naturaleza tradicional, mientras que el de la «nación» era en el fondo el de una clase y el del «pueblo» encarnaba una abstracción, aún más peligrosa que la de la pura oligarquía, ya que puesta la voluntad general como fuente del poder y del «derecho» se tornaba en instancia última e inapelable.

En la revolucionaria declaración de derechos de 1789 ya coexistía la afirmación del principio de la libertad individual con el principio igualitario de la soberanía nacional o popular (que no son además

---

[15] La explicación, bien precisa, es de Danilo CASTELLANO, *Costituzione e costituzionalismo*, cit., pp. 33 y ss.

[16] José Pedro GALVÃO DE SOUSA, *Poder, Estado, Constitución. Hacia un derecho político realista*, Madrid, Marcial Pons, 2019.

equivalentes): «El art. 2 mira al ciudadano singular y el 6 a la mayoría numérica. La libertad mantenida en el art. 2 supone una barrera protectora; la mayoría teorizada en el art. 6 es capaz de desbordar por definición toda suerte de barreras. Son cosas diametralmente opuestas por más que se las mezcle a pocos renglones dentro de la misma pomposa Declaración de derechos del hombre abstracto revolucionario. La causa histórica de que las Declaraciones acojan en su seno posiciones tan contrarias está en la doble paternidad de la ideología liberal, de un lado desbordada de absolutos políticos lindantes con la mística, en la concepción rousseauniana, de mayoría que legisla; de otro atenido al mecanismo para procurar contenerla en sus linderos. La primera tendencia rousseauniana reclamaba la paternidad espiritual en el pensamiento abstracto de la *Enciclopedia*; la segunda era el resultado del equilibrio de frenos y contrapesos observado por MONTESQUIEU en Inglaterra y desde la realidad inglesa constituido por él para teoría de validez universal [...]. Las dos paternidades dieron nacimiento al híbrido contradictorio de 1789»[17].

El paso del constitucionalismo liberal al democrático, que sin dejar de ser liberal profundizaba el principio igualitario, reforzó —a partir del presupuesto de que toda ley emana de la voluntad popular— la opresión de la mayoría y, de resultas, hizo más necesario el recurso a la división del poder, para que —según la explicación de MON-

---

[17] Francisco ELÍAS DE TEJADA, «Construcción de la paz y asociaciones intermedias», en AA.VV., *Derecho y paz*, Madrid, CSIC, 1968, pp. 83-84.

TESQUIEU— «por disposición de las cosas el poder frente al poder»[18]. Se trata, en todo caso, de una ilusión, que la experiencia de más de dos siglos ha desmentido[19]. La unidad del poder del Estado no podía compadecerse con la tal separación o división, expresiones que además no son sinónimas[20], sino que se ha visto el predominio del legislativo en el parlamentarismo o del ejecutivo en el presidencialismo, sin olvidar el que se ha dado en llamar «gobierno de los jueces»[21].

---

[18] MONTESQUIEU, *L'esprit des lois* (1748), libro XI, cap. IV. Algunos autores (por ejemplo FIORAVANTI) han sostenido que el derecho público europeo se afirmó entre los siglos XIX y XX en oposición al principio democrático de la soberanía popular. Danilo CASTELLANO, en cambio, piensa lo contrario, por más que reconozca que la democracia moderna no había encontrado todavía su pleno desarrollo. El poder constituyente, afirma, nació democrático y no liberal (Danilo CASTELLANO, *Costituzione e costituzionalismo*, cit., p. 36). No es de echar al olvido la condición de historiador del primero y de filósofo del segundo, a la hora de examinar la diferencia de juicio.

[19] Baste recordar Marcel DE LA BIGNE DE VILLENEUVE, *La fin du principe de séparation des pouvoirs*, Paris, Sirey, 1934, o Álvaro D'ORS, *Nueva introducción al estudio del derecho*, Madrid, Civitas, 1999, §23.

[20] Véase Juan VALLET DE GOYTISOLO, «La independencia de la función judicial y la pretendida separación de poderes», *Verbo* (Madrid), n. 309-310 (1992), pp. 1017-1044. Donde plantea como problema previo la cuestión semántica de si se trata de separación, división, distribución, no confusión, equilibrio o contrapeso de poderes. También la explicación singular de Antonio GARCÍA-TREVIJANO, *Frente a la Gran Mentira*, Madrid, Espasa Calpe, 1996, pp. 267 y ss.

[21] El término se aplicó en algún momento a los Estados Unidos de América, si bien fue acuñado en francés. Véase Édouard LAMBERT, *Le gouvernement des juges et la lutte contre la législation sociale aux États-Unis*, Paris, Giard, 1921. Su subtítulo, expresivo, reza así: «*L'expérience américaine du contrôle judiciaire de la constitutionnalité des lois*».

En relación con el segundo asunto, el de los derechos, la ideología revolucionaria que está en la base del constitucionalismo, lejos de limitar el ejercicio del poder, contribuyó en realidad a su acrecentamiento, pues —ya desde sus orígenes— «aunque el valor que ostenta el *prius* ontológico sean los derechos y libertades fundamentales de los ciudadanos, se piensa que *su efectiva realización depende de la previa intervención del poder*»[22]. Si la primera parte de esta afirmación es discutible, por la naturaleza de la «fundamentación» (o más bien de la «falta de fundamentación»[23]) de los derechos apodados más adelante de «fundamentales», la segunda resulta en cambio incontrovertible. Porque cabe preguntarse, en primer lugar, por el poder que la Asamblea quería limitar y que no es otro —la investigación más sumaria así lo exhibe— que el poder regio en el *ancien régime* más que el poder político genéricamente considerado. Pero es que luego, además, la

---

[22] Lo ha destacado Juan DE LA CRUZ FERRER, «La concepción del poder y de la separación de poderes en la Revolución francesa y en el sistema constitucional norteamericano», *Anales de la Real Academia de Jurisprudencia y Legislación* (Madrid), n. 20 (1989), pp. 258 y ss.

[23] Falta de fundamentación presentada en ocasiones como un mérito: recuérdese lo que cuenta MARITAIN respecto de la discusión en la Comisión de la UNESCO de la que formaba parte («estamos de acuerdo tocante a estos derechos, *pero con la condición de que no se nos pregunte el porqué*») y que le lleva a sostener la tesis absurda —explicitada por BOBBIO— de que es preferible olvidar su fundamento y concentrarse en sus garantías. Cfr. Jacques MARITAIN, «Introducción», en VV.AA., *Los derechos del hombre. Estudios y comentarios en torno a la nueva Declaración universal reunidos por la UNESCO*, Ciudad de Méjico-Buenos Aires, Fondo de Cultura Económica, 1949, p. 15; Norberto BOBBIO, *L'età dei diritti*, Torino, Einaudi, 1990, p. 16.

ley vino a prevalecer sobre el derecho previamente definido, por lo que a través de la «legislación», o del legalismo, los derechos más que «reconocidos» pasaron a ser «conferidos». Así pues, el constitucionalismo se ha revelado en su aplicación histórica más como una regla «para» el poder que «contra» el poder.

Finalmente, en nuestros días, ha de tenerse en cuenta que, sin haber perdido su naturaleza de doctrina estatista y, por lo mismo, positivista, el permisivismo moral reinante —tolerado cuando no abiertamente fomentado por los Estados— lleva a la reivindicación de unos falsos derechos respecto a los cuales el poder del Estado no se considera afectado[24], por lo que no existe ese enfrentamiento, por ejemplo, con el «derecho» al aborto o al «matrimonio» homosexual. Lo mismo puede decirse de los corolarios de la «libertad de conciencia» o en la dogmática de la «libertad de expresión»[25]. Pero sobre esto habremos de volver luego.

---

[24] Puede verse un desarrollo más amplio en el capítulo III de mi libro *El ágora y la pirámide. Una visión problemática de la Constitución española*, cit. Así como la explicación teorética de Danilo CASTELLANO, *Razionalismo e diritti umani. Sulla anti-filosofia politico-giuridica della modernità*, Torino, Giappichelli, 2003 (hay edición castellana, Madrid, Marcial Pons, 2004).

[25] Cfr. Miguel AYUSO, «El derecho a la información: sujeto, objeto y límites», *Verbo* (Madrid), n. 391-392 (2001), pp. 85 y ss., y también Miguel AYUSO (ed.), *Estado, ley y conciencia*, Madrid, Marcial Pons, 2010.

III. EL CONSTITUCIONALISMO RACIONALIZADO

Será en el siglo xx cuando se desarrollen las consecuencias del constitucionalismo, en un proceso de racionalización que se extenderá una vez más de modo mimético, elaborándose las constituciones en serie. El término escogido, en todo caso, no podía ser más acertado, toda vez que fue la matriz racionalista del constitucionalismo la que sobre todo se vio fortalecida[26].

La ideología constitucionalista, recogida en un documento que contiene el contrato social, se hacía en verdad constituyente. Lo político se tornaba, según una frase famosa, constitucional[27]. De otro lado, al poner en su origen un «poder constituyente»[28] al que, además, se atribuye la «soberanía»[29], no

---

[26] La difusión del término *«parlamentarisme rationalisé»*, luego ampliado como constitucionalismo racionalizado, se debe a Boris Mirkine-Guetzevitch, *Les nouvelles tendences du droit constitutionnel*, Paris, Giard, 1931. En Italia lo recogió Costantino Mortati, *Istituzioni di diritto pubblico*, cuya primera edición, de 1949, se presenta todavía en forma de apuntes de las lecciones, mientras la segunda —ya totalmente rehecha— es de 1952. Hemos consultado la 9.ª, Padova, CEDAM, 1975, vol. I, pp. 569 y ss. En España, en el decenio de los treinta, ya lo había sometido a crítica aguda Eugenio Vegas Latapié, *Romanticismo y democracia*, Santander, Aldus, 1938.

[27] Es el juicio famoso de Gioele Solari, *La formazione storica e filosofica dello Stato moderno*, Torino, Giappichelli, 1962, p. 65.

[28] Véase Pietro Giuseppe Grasso, *Il potere costituente e le antinomie del diritto costituzionale*, Torino, Giappichelli, 2006, y Miguel Ayuso (ed.), *El problema del poder constituyente. Constitución, soberanía y representación en la época de las transiciones*, Madrid, Marcial Pons, 2012.

[29] Sobre el asunto puede acudirse a Francesco Gentile, *Intelligenza política e ragion di Stato*, Milano, Giuffrè, 1984, y Danilo

salía del voluntarismo, el constructivismo y, a la postre, el utopismo. Finalmente, en el formalismo del (pretendido) «derecho puro», la Constitución se convertía incluso en la *norma normarum*, no tanto en el sentido de la norma jerárquicamente más importante, sino en el de condensado de la juridicidad, subrogado en definitiva de la naturaleza de las cosas[30].

De lo anterior se desprende derechamente un cambio de gran trascendencia. La Constitución comenzó organizando los poderes del Estado, a partir del «principio» fundamental de su «separación», pero hoy busca más bien modificar la entraña de la sociedad. Es el curso del racionalismo, que al inicio acantonaba una realidad todavía renuente a someterse a su férula, pero que el discurrir del tiempo ha ido haciendo más y más fluida y por lo mismo moldeable por un «pensamiento» políticamente siempre más activo. La sustitución del derecho por la legislación, monopolizada además por el Estado, también ha tenido en ello su parte, pues el Estado no legisla para la sociedad sino para aproximarla a él[31].

Castellano, *Introduzione alla filosofia della política. Breve manuale*, cit., cap. VI. También Miguel Ayuso, «Soberanía o subsidiariedad», *L'Ircocervo* (Padova), a. 18, n. 0 (2019), pp. 1-6.

[30] Hans Kelsen, *Reine Rechtslehre*, 2.ª ed., Wien, Franz Deuticke, 1960, en particular V, 34 y 35. A cuenta de la «pureza» kelseniana se iba a separar el derecho de la realidad, mientras que se iba a entregar a la ideología. Para la versión castellana, *Teoría pura del derecho*, Ciudad de México, UNAM, 1979.

[31] Juan Vallet de Goytisolo, «Los dogmas políticos vigentes», *Anales de la Real Academia de Ciencias Morales y Políticas* (Madrid), n. 81 (2004), pp. 267 y ss. Es uno de los *leit-motiven* de la obra política del maestro español.

Se ha podido escribir, así, que en un esquema de interpretación histórica la directriz residiría en «la progresiva intensidad de la acción racional del poder en la configuración de los órdenes constitucionales». Lo que quiere decir que las constituciones, concebidas como un plan de organización política y social, serían obra de un poder político en vista de transformar el orden existente en función de principios ideológicos. Transformación que «no debe entenderse limitada a la organización misma del poder, sino que penetra en toda la estructura del orden social: desde la organización del poder a la organización de la sociedad»[32]. Y es que fenómeno característico del panorama constitucional desde la Revolución francesa hasta nuestros días fue «la tensión e inadecuación entre el medio social y poderes relativamente artificiosos». De ahí que el poder se haya ido atribuyendo la facultad de reformar a través de la ley el mismo orden social: «El germen de racionalismo revolucionario o reformador sembrado por el pensamiento político del siglo XVIII, tiende a transformar y configurar el orden social, no por un crecimiento o evolución de fuerzas sociales espontáneas, sino por una voluntad operante según esquemas de organización racional. La coherencia entre organización del poder y constitución social se ha alterado hasta casi invertirse la relación. El poder no sólo no se presenta como una emanación de la comunidad que rige, sino que tiende a conformarla de acuerdo con sus principios. El primado de la voluntad de poder sobre la constitución social,

---

[32] Luis SÁNCHEZ AGESTA, *Curso de derecho constitucional comparado*, 5.ª ed., Madrid, Editorial Complutense, 1980, p. 27.

que es uno de los caracteres de nuestro tiempo, ha quebrado el hilo de una tradición histórica forjadora de instituciones, y en cierta manera todo orden constitucional contemporáneo se manifiesta como un proyecto racional de constitución, no sólo de las instituciones que encarnan el poder político, sino de la misma entraña del orden social. La coherencia, relativa coherencia, de la unidad del orden aparece creada desde el poder, como realización de un plan, que ordinariamente refleja y desenvuelve los principios de una ideología política. Nunca el pensamiento ha sido tan activo políticamente como en nuestros días» [33].

Tan evidente se ha hecho lo anterior que el «positivismo crítico» ha debido reaccionar poniendo límites al campo del «constructivismo», a través de recursos como, por ejemplo, las llamadas «garantías institucionales y de las instituciones» [34]. Mientras el «tribunal de la praxis» ha exhibido cómo la fusión entre Estado y sociedad conduce paradójicamente a la emergencia de una serie de poderes, denominados «sociales», en puridad «independientes», que vienen a socavar finalmente al

---

[33] *Ibid.*, pp. 27-28.

[34] Distingue Carl Schmitt las «garantías institucionales» (*institutionellen Garantien*), que protegen regulaciones de derecho público como la autonomía local, de las «garantías de las instituciones» (*Institutsgarantien*), que aseguran la permanencia de instituciones de derecho privado, como la propiedad, la libertad contractual, la herencia o el matrimonio. Véase Carl Schmitt, *Verfassungslehre*, cit., pp. 170 y ss.; y «Freiheitsrechte und institutionelle Garantien der Reichsverfassung» (1931), hoy en *Verfassungsrechtliche Ausfsätze aus den Jahren 1924-1954*, Berlin, Duncker und Humblot, 1958.

Estado[35]. La corrupción difundida en todas las latitudes así lo demuestra[36].

La incidencia de este proceso de racionalización en los ámbitos de la separación de los poderes y la garantía de los derechos es de relieve. Y conviene dejar escueta nota. De un lado, en el seno del parlamentarismo, se vio la necesidad de ajustar la forma de gobierno por razón de los cambios institucionales. Fue el reforzamiento del gobierno, que asumió la iniciativa legislativa y, en algunos casos, la propia legislación, como en los casos de delegación y urgencia. También las técnicas de la investidura o la moción de censura constructiva. Y la recepción de los partidos políticos como corporaciones de derecho público. Finalmente, la difusión de los Tribunales Constitucionales, que juzgan primero de la constitucionalidad de las leyes y más adelante van ampliando sus competencias[37]. En el presidencialismo, por su parte, el inmenso crecimiento de papel de los presidentes y de la vasta burocracia de que se rodea ha alterado el equilibrio fundacional[38]. Del lado de los derechos, finalmente, pueden colacio-

---

[35] Véase la reconstrucción que he ofrecido en mi libro *El Estado en su laberinto. Las transformaciones de la política contemporánea*, Barcelona, Scire, 2011, cap. 4.

[36] Alejandro NIETO, *El desgobierno de lo público*, Barcelona, Ariel, 2008, donde revisa otras descripciones suyas precedentes. También, en un ámbito más amplio, Miguel AYUSO, «Las causas de la corrupción y la crisis contemporánea», *Ius Publicum* (Santiago de Chile), n. 40 (2018), pp. 33-51.

[37] Louis FAVOREU, *Les cours constitutionelles*, Paris, PUF, 1986, ofrece una buena síntesis, aunque dentro de los límites del comparatismo.

[38] Thomas MOLNAR, *Le modèle défiguré. L'Amérique de Tocqueville à Carter*, Paris, Presses Universitaires de France, 1978.

narse la atribución del conocimiento de su vulneración a los Tribunales Constitucionales, el acceso a los tribunales de justicia de las normas constitucionales como accionables y la multiplicación de los llamados «derechos sociales» [39].

IV. EL NEOCONSTITUCIONALISMO

El constitucionalismo racionalizado, tal y como surgió tras la II Guerra Mundial, al tiempo que desarrollaba coherentemente la ideología del primer constitucionalismo, tras las sabidas vacilaciones del siglo XIX, no había en cambio desarbolado totalmente las resistencias del orden natural. La pretensión de prescindir totalmente de éste se había iniciado, sin duda, con la de condicionar el derecho privado partiendo del público y de constituir —como se ha dicho— no sólo el Estado sino también la sociedad. Pero sólo con su prolongación en el que se ha dado en conocer como neoconstitucionalismo, se ha avanzado decididamente en la consecución de su objetivo.

Los ámbitos en que esta línea se ha concretado son muchos, pero cabe limitarse tan sólo a los de mayor relieve. Del lado de la organización de los poderes quizá se trate, otra vez, del despliegue creciente de los Tribunales Constitucionales y de su interrelación con los ordinarios, así como con fre-

---

[39] Cfr. Juan Fernando SEGOVIA, *Derechos humanos y constitucionalismo*, Madrid, Marcial Pons, 2004, y Ricardo M. DIP, *Los derechos humanos y el derecho natural*, Madrid, Marcial Pons, 2009, cap. III.

cuencia también de la federalización territorial[40]. Mientras que, en cuanto a los derechos, el «personalismo» ha venido a volatilizar el ordenamiento jurídico (un ordenamiento que —no lo olvidemos— ya no era funcional al orden).

Los Tribunales Constitucionales, en efecto, que en un primer momento se limitaron al control de la constitucionalidad de las leyes, según la según la ortodoxia kelseniana, pronto fueron asumiendo nuevas funciones que, en su desarrollo, iban a potenciar la Constitución más allá incluso de lo que había supuesto la racionalización inmediatamente precedente[41]. Los conflictos entre órganos constitucionales o, en los Estados compuestos, los regionales, añadían no poco relieve a dichos Tribunales Constitucionales. Aunque, sobre todo, la tutela de los derechos llamados ya «fundamentales», en una apertura de signo americano, que le permitieron transformar de raíz la interpretación y aplicación de la legislación ordinaria. Y guiar a los jueces ordinarios por esa senda. El que se ha bautizado como «activismo» judicial, de origen estadouni-

---

[40] Federalización como proceso que no coincide exactamente con el Estado federal como forma de Estado. El tránsito, en cuanto a éste, del llamado «dual» al conocido como «cooperativo», lo hace notar. Así como el funcionalismo federalista practicado en el seno de la Unión Europea. La referencia, clásica, es a Carl J. Friedrich, «Federal Constitutional Theory and Emergent Proposals», en Arthur W. MacMahon (ed.), *Federalism: Mature and Emergent*, New York, Russell & Russell, 1955.

[41] Miguel Ayuso, «¿Un tribunal constitucional internacional? Una visión problemática», *Notandum* (Oporto), n. 41 (2016), pp. 53-58. La primera parte hace un repaso sintético de la evolución de la justicia constitucional.

dense, ha sido protagonizado entre nosotros generalmente por los Tribunales Constitucionales, sin perjuicio de que los Tribunales Supremos se hayan sumado más pronto que tarde a la tendencia. Eso ha llevado a la politización (*rectius* ideologización) de su función, toda vez que los magistrados de los Tribunales Constitucionales deben ser para el constitucionalismo —antes que juristas— «políticos», esto es, intérpretes y guardianes de una ideología[42]. Algo similar se traslada a los jueces ordinarios, sobre todo en su cima, los Tribunales Supremos, pues su elección por los «politizados» Consejos del Poder Judicial marca también a los designados con el sello de la ideología[43]. Así pues, al igual que la Constitución desplazó a la ley, la jurisprudencia de los Tribunales Constitucionales está desplazando a las constituciones[44]. La interpretación se torna novación (si no autén-

---

[42] Miguel Ayuso, *El ágora y la pirámide. Una visión problemática de la Constitución española*, cit., pp. 239 y ss. Desde el ángulo político puede verse la crítica relativamente temprana de Gonzalo Fernández de la Mora, *Los errores del cambio*, Barcelona, Plaza y Janés, 1987, pp. 128 y ss.

[43] Andrés de la Oliva, «La demolición de la Administración de Justicia en la futura Constitución de 1978», *Revista de Derecho Procesal Iberoamericana* (Madrid), n. 2-3 (1978), pp. 399-431. Ensayo profético y sin contemplaciones de uno de los maestros del derecho procesal. Aunque referida a España, puede extenderse sin dificultad a otros países, pues no debe olvidarse que el modelo tiene origen en Italia y poco menos que se ha universalizado. Para una síntesis, Miguel Ayuso, «El desgobierno de los jueces», *Revista de Derecho Público* (Santiago de Chile), n. 81 (2014), pp. 13 y ss.

[44] Miguel Ayuso, *De la ley a la ley. Cinco lecciones sobre legalidad y legitimidad*, Madrid, Marcial Pons, 2001 (hay edición italiana, Giffone Valle Piana, Ripostes, 2018; y anterior francesa, Paris, Hora Decima, 2008).

tica creación) cuando, aunque permanezca su letra, se traiciona la Constitución. No se trata, claro está, de aquellos casos en que la finalidad corrige la literalidad, pues estamos en presencia de una aplicación de la *ratio* una vez elucidada; sino de aquellos otros en que una razón distinta viene a imponerse so capa de interpretación evolutiva o sistemática. Problema hermenéutico que abre otro sustancial, donde los altos tribunales ejercen un poder «político»[45].

Otro eje de importancia viene dado por la internacionalización y aun mundialización del constitucionalismo, en buena medida merced a los derechos humanos. Ambos fenómenos son perfectamente diferenciables, aunque presenten algún nexo entre sí. La internacionalización de los derechos humanos completó el proceso de su anterior constitucionalización, abriendo los ordenamientos al derecho internacional según la última fase del pensamiento de KELSEN. Pero «la *internacionalización* del problema no representa su solución», de manera que «la *globalización del iuspositivis-*

---

[45] En relación con la experiencia de los Estados Unidos de América resulta bien interesante la síntesis, no sólo descriptiva sino problemática, de Christopher FERRARA, «Las "uniones del mismo sexo" y el problema del positivismo legal: una perspectiva desde los Estados Unidos», en Miguel AYUSO (ed.), *Estado, ley y conciencia*, Madrid, Marcial Pons, 2010, pp. 89 y ss. Donde aborda el problema del «originalismo» y el «democratismo» de la jurisprudencia apodada conservadora, frente al «axiologismo» (por erróneo que sea) de la «liberal». Desde un ángulo general, véase una vez más Danilo CASTELLANO, *Constituzione e costituzionalismo*, cit., cap. IV.

mo no puede ser su misma *justificación*»[46]. Las modernas Declaraciones internacionales y supranacionales se superponen hoy a las Constituciones, que a su vez prevén esta agregación, creando en ocasiones dificultades de articulación. Debe subrayarse, en este punto, que la idea de unos derechos del género humano, que no es nueva, reviste en nuestros tiempos rasgos peculiares. Las nociones de género humano y de dignidad de la humanidad, lejos de ser universales como en la doctrina cristiana, en la nueva era se convierten en cosmopolitas. En fin, el modelo contemporáneo de la protección de los derechos humanos, sin romper con la noción racionalista de la dignidad del hombre[47], considerado en su individualidad, la sitúa en el ámbito de un concepto no sólo más extenso (el de humanidad) sino incluso más abstracto, ya que la abstrae de la sociabilidad natural de los hombres (que viven en una estructura de relación con otros individuos y diversos cuerpos sociales), de la forma histórica de las asociaciones humanas (incluidas las naciones), de la actualidad de las generaciones humanas (pues refiere también los derechos tutelables a las generaciones futuras), del territorio nacional (*rectius* de las fronteras estatales) y aun del propio Estado[48]. Una consecuencia inevitable de ese paradójico cosmopolitismo abs-

---

[46] Danilo Castellano, *Razionalismo e diritti umani*, cit., pp. 96-98.

[47] Cfr. Álvaro d'Ors, «La llamada "dignidad humana"», *La Ley* (Buenos Aires), año XLV, n. 148 (1980), pp. 1 y ss.

[48] Ricardo Dip, *Los derechos humanos y el derecho natural*, cit., p. 110. También Álvaro d'Ors, *Bien común y enemigo público*, Madrid, Marcial Pons, 2002.

tracto y no universal va a ser la fragmentación que a no mucho tardar hemos de examinar.

Por ahí ha apuntado el campo de los derechos llamados fundamentales, en el que se da también una línea de continuidad entre el neoconstitucionalismo y la etapa anterior del constitucionalismo racionalizado. Los derechos, es cierto, se pueden comprender en el seno de tres tradiciones distintas, a saber, la liberal, la democrática y la social. Sin embargo todas ellas responden a una matriz común, la del racionalismo político y social que es la base del liberalismo. Y que hoy encontramos exasperado en el seno de la ideología personalista. En efecto, la cuestión político-jurídica nodal y permanente, principalmente después del cristianismo, de la persona humana, ha sufrido un giro radical (e incluso una «heterogénesis de los fines») con las vicisitudes de la modernidad y su mutación posmoderna. De un lado, la persona ha sido —de hecho— disuelta, al ser reducida a «acontecimiento» o a «proyecto». De otro, junto a lo anterior, también se han desvirtuado el fundamento y la razón de la política y el derecho. Así, tras la crisis de la modernidad «fuerte», se ha creído posible legitimar el Estado y el ordenamiento jurídico transformándolos, en primer lugar, en «objetividad» al servicio total de la voluntad de la persona y, después, asignándoles la función «mediadora» que exige el llamado «republicanismo global». Lo institucional se identifica, así, con un «orden modular», que de cuando en cuando permite tejer una red (que se compone y descompone al gusto), que representa una nueva forma de «positividad» del nihilismo político-jurídico contemporáneo, incompatible no sólo con las doctrinas clásicas, sino también con el viejo contractualismo[49].

Ese parece ser el signo dominante del nuevo constitucionalismo en relación con los derechos humanos o fundamentales. Que ya no crean tanto un ámbito de libertad individual frente al Estado, cuanto se convierten en «valores» que invaden las relaciones entre particulares y a cuyo servicio se pone el propio ordenamiento jurídico estatal[50]. Que a partir del «efecto irradiante» de la libertad de conciencia aseguran el libre desarrollo de la personalidad virtualmente, por lo menos, nihilista[51]. Todo ello en nombre de la «dignidad de la persona», pero de una persona que no es la «sustancia individual de naturaleza racional», metafísicamente fundada, y de una dignidad que no deriva de ser aquélla «lo más perfecto en toda la naturaleza»[52], sino de una «moral del bien congénito», que emprende

---

[49] Danilo CASTELLANO, *L'ordine politico-giuridico «modulare» del personalismo contemporaneo*, Napoli, Edizioni Scientifihe Italiane, 2007.

[50] La concepción dual del Tribunal Constitucional Federal Alemán, al que han seguido otros como el español, se halla anticipada *modo suo* en la conocida doctrina del *double standard* del Tribunal Supremo de los Estados Unidos. Cfr. Francisco FERNÁNDEZ SEGADO, «La teoría jurídica de los derechos fundamentales en la doctrina constitucional», *Revista Española de Derecho Constitucional* (Madrid), n. 9 (1993), pp. 199 y ss.

[51] Lo he abordado sucintamente en las páginas finales del libro *¿Ocaso o eclipse del Estado? Las transformaciones del Derecho público en la era de la globalización*, Madrid, Marcial Pons, 2005.

[52] La primera definición procede, como es sabido, de BOECIO, *De duabus naturis*, mientras que la segunda observación es de SANTO TOMÁS DE AQUINO, *S. th.*, I, q. 29, a. 3.

la defensa de la dignidad (ontológica) del hombre, pero desvinculándolo de su origen divino[53]. Pese a quienes se empeñan en descubrir en ella una música tomista, la canción es de indiscutible progenie kantiana.

V. ENTRE EL NEOCONSTITUCIONALISMO Y EL POSCONSTITUCIONALISMO

Ha llegado el momento de abordar la cuestión del derecho (y, de los derechos, sobre todo de los denominados «humanos») en el tiempo más radicalmente contemporáneo. Que ha sido caracterizado, desde hace decenios, como posmodernidad[54]; y que, últimamente, desde el ángulo jurídico, como acabamos de ver, ha sido calificado de neoconstitucionalismo.

Lo primero que llama la atención es la asimetría: posteridad en un caso, novación en el otro. ¿Por qué? En primer lugar, no parece que el término posmodernidad se utilice unívocamente. Ya que, si de un lado, indica lo que sigue a la modernidad, en otras parece referirse a una relación dialéctica más que temporal respecto de aquélla. Y, así, la posmodernidad puede concebirse como una modernidad radicalizada, decadente o incluso insurgente.

---

[53] El análisis, finísimo, es de Leopoldo Eulogio PALACIOS, «El humanismo del bien congénito», *Revista de Estudios Políticos* (Madrid), n. 110 (1960), pp. 87 y ss.

[54] Juan Fernando SEGOVIA, *De la modernidad a la posmodernidad. Una visión católica*, Madrid, Consejo de Estudios Hispánicos Felipe II, 2021.

Hiper-modernidad en el primero de los casos, pues los caracteres de la ideología de los tiempos modernos (donde la axiología prima sobre la cronología) vienen a exacerbar los que marcaron a éstos. Y, en efecto, en algunos terrenos, es como si se hubiera producido una aceleración y las consecuencias se extrajeran con toda lógica de premisas que hasta el presente no se habían tomado totalmente en serio. Sin, embargo, al mismo tiempo, no pueden sino subrayarse otros fenómenos que apuntan más bien al desleimiento de sus rasgos identificadores: en la tardo-modernidad los productos «fuertes» de antaño se sustituyen por los subrogados «débiles» de hogaño. Aunque también se observan trazos en los que el perfil adquiere contornos de resistencia en una suerte de contra-modernidad (que, como todo fenómeno puramente reactivo, se subordina a lo que se opone)[55]. No sería imposible discernir efectos singulares para cada una de las tres tendencias indicadas, aunque entre ellas prime en verdad su imbricación hasta el punto de que es esa suerte de carácter inextricable el que signa al posmodernismo.

Se ha subrayado muy pertinentemente que la ficción del consenso sobre la que se afirmó el constitucionalismo, tanto el originario como sobre todo el racionalizado, hay ido desapareciendo con el neoconstitucionalismo. Porque ese consenso, que explicitaba el contrato social, tiende a desaparecer en cuanto regla trascendente de la voluntad de

---

[55] Remito a Miguel Ayuso, «¿Política postmoderna?», en Juan Carlos Moreno Romo (ed.), *Modernidad, postmodernidad, hipermodernidad*, Ciudad de Méjico, Fontamara, 2020, pp. 153-167.

los asociados. Y las Constituciones se convierten en «pactadas», no en el sentido de los viejos pactos medievales[56], y obviamente tampoco en el del contractualismo, sino en el de que la voluntad de las partes, es decir, la voluntad como su unión, es condición para la reforma e interpretación de la Constitución[57]. De donde derivan notables problemas, pues si ésta es el resultado de un acuerdo contingente y siempre evolutivo, ¿cómo imponerla a quien no ha participado o no pudo hacerlo sin hacer de ella una norma heterónoma? ¿Y qué hacer con las minorías o los disidentes? Surge por ahí el pluralismo originario en el constitucionalismo estadounidense, adoptado *modo suo* por las Constituciones tardo-racionalizadas[58] y por la jurisprudencia de los Tribunales Constitucionales. Pluralismo entendido como multiplicidad de derechos creados por el ordenamiento positivo. Lo que significa que los derechos se hacen depender de las fuerzas «políticas» que logran imponerse y que el «balance» de los derechos no es sino el «balance» de fuerzas, haciéndose por tanto «compromiso» o mero equilibrio entre poderes efectivos: la única base en la que

---

[56] Juan VALLET DE GOYTISOLO, «Del pacto político de F. Eiximenis al contrato social de J. J. Rousseau», en *Más sobre temas de hoy*, Madrid, Speiro, 1979, pp. 144-149.

[57] Véase Danilo CASTELLANO, *Costituzione e costituzionalismo*, cit., pp. 24 y ss., al que sigo a continuación, añadiendo algunas notas.

[58] Respecto del pluralismo estadounidense, véase Frederick D. WILHELMSEN, «El derecho natural en el mundo anglosajón del siglo XX», en AA.VV., *El derecho natural hispánico*, cit., pp. 209-229. Y de su traslación al mundo europeo, Miguel AYUSO, «Pluralismo y pluralidad ante la filosofía jurídica y política», en AA.VV., *Homenaje a Juan Bms. Vallet de Goytisolo*, vol. 5, Madrid, Consejo General del Notariado, 1988, pp. 7-30.

se apoyaría la legitimidad del ejercicio del poder a través del «derecho», comprendido el constitucional, sería el propio poder. El pluralismo así entendido lleva consigo la revisión de la definición de la soberanía propia de la modernidad «fuerte» no tanto de manera sustancial como formal. Invierte la relación Estado/ciudadano, pero no sale de la soberanía misma, si bien hace más difícil el gobierno. El derecho constitucional, disuelta la «geometría legal»[59], pierde un mínimo de certeza jurídica y se sociologiza. Y la Constitución, de regla para la sociedad, pasa a ser instrumento para la realización de cualquier proyecto (como sostiene el constructivismo) o de cualquier compromiso (como sostiene la politología): «El pluralismo de los ordenamientos jurídicos originarios comporta, a su vez, una imposible *combinación* de las *rationes* político-jurídicas. Representa la premisa para la disolución de todo ordenamiento jurídico-constitucional, sustituido por las medidas contingentes tomadas sobre la marcha e impuestas como prescripciones normativas constitucionales»[60].

Es natural, pues, que se produzca una fragmentación creciente en el seno de un ideal que apuntaba

---

[59] La expresión, que se remonta al napolitano de edad española Giambattista Vico, ha sido explorada y tematizada por Francesco Gentile, *Intelligenza politica e ragion di Stato*, cit., y *Ordinamento giuridico tra virtualità e realtà*, Padova, CEDAM, 2000 (hay edición castellana, Madrid, Marcial Pons, 2001). Véase, en este sentido, Miguel Ayuso (ed.), *Dalla geometria legale-statualistica alla riscoperta del diritto e della política. Studi in onore di Francesco Gentile*, Madrid, Marcial Pons, 2006.

[60] Danilo Castellano, *Costituzione e costituzionalismo*, cit., p. 31.

a lo universal y que ha de contentarse en cambio con la uniformización. Que no es lo mismo. Y no resulta contradictorio. Los derechos humanos, en la fase débil de la modernidad, se han convertido en un ariete contra la irrefragabilidad de la ley y la estabilidad del Estado. A la implosión sufrida por lo que hace un siglo parecía sólido, si no inconmovible, han coadyuvado varias tendencias entre las que ocupa un puesto no menor lo que se ha dado en llamar multiculturalismo. Que, en sus variadas formas, sostiene que de una manera o de otra todas las culturas y las religiones son igualmente valiosas, por lo que hay que crear simplemente un marco neutro de coexistencia. Eso son los juegos, presididos por reglas formales; o las sociedades mercantiles, regidas por la voluntad de los socios.

Pues bien, ese relativismo cultural, en la práctica, resulta funcional a la homogeneización que el desarraigo de nuestros días potencia. Y sobre el que se sitúan los derechos humanos, reducidos a pretensión individual o colectiva. Es el horizonte del liberalismo, incluida la versión comunitarista. En realidad la discrepancia reside en «una polémica interna a la *Weltanschauung* racionalista de la política, compartida —aunque pueda parecer paradójico— por los liberales norteamericanos contemporáneos y por los "comunitaristas"»: «Los liberales, en efecto, tienden a identificar la justicia con el reconocimiento, la garantía a veces es la protección de los solos derechos entendidos modernistamente, esto es como meras pretensiones subjetivas de instaurar el orden que cada uno retiene preferible para sí: una especie de anarquía protegida por el derecho positivo. Es el modo de entender el derecho, en particular el derecho subjetivo, de derivación protestante, reforzado por la Ilustración y la Revolución francesa. Si la justicia consistiese en eso sería ciertamente un obstáculo a la vida de la comunidad, cuyo bien, sin embargo, no puede consistir en cualquier proyecto de vida compartido con el que se identifica por los comunitaristas la "vida buena". El bien, de hecho, sería en este caso un mero *flatus vocis*, una expresión puramente nominalista aunque con efectos fuertemente condicionantes. El bien no puede ser identificarse con cualquier elección u opción aunque fuere colectiva. La historia demuestra que muchas identidades colectivas han obrado elecciones equivocadas en diversos sectores y a distintos niveles. El bien debe encontrar un fundamento verdadero, no convencional, pues no se basa en la representación colectiva sino que, al contrario, es representación de lo que es y no de lo que se imagina. En otras palabras, exige la justicia como una de sus condiciones y no como un obstáculo. El *comunitarismo*, por ello, se confunde al erigir la contraposición entre la justicia y el bien. Se confunde, no obstante, porque parte de una premisa errada y porque se subordina, aunque oponiéndose, al liberalismo o al neoliberalismo que se propone —y cree— combatir»[61].

---

[61] Danilo CASTELLANO, «De la comunidad al comunitarismo», *Verbo* (Madrid), n. 465-466 (2008), pp. 491-492, y Miguel AYUSO, «Las metamorfosis de la política contemporánea: ¿disolución o reconstitución?», *Verbo* (Madrid), n. 465-466 (2008), pp. 513 y ss.

VI. LA DISOLUCIÓN DEL CONSTITUCIONALISMO

Hemos visto en lo anterior cómo la evolución del constitucionalismo apuntaba a su disolución. Esto es, que el neoconstitucionalismo se tornaba posconstitucionalismo. La crisis producida por la pandemia de Coronavirus no ha hecho sino acelerar y desenmascarar el proceso[62].

El esquema del constitucionalismo se vino amigo en cuestión de días, si no de horas.

Desde luego, se evidenció en el orden de la organización de los poderes, pues los parlamentos fueron vaciados de sus competencias y sustituidos por un poder ejecutivo que no ejecutaba sino más bien «gobernaba» —si es que es admisible utilizar a tal efecto un vocablo tan noble— e, incluso más allá, se convertía en el único poder, salvo cuando le convenía —el caso español es claro en este sentido— entregar algunas competencias a otras instancias (pongamos por caso las regiones o incluso los tribunales de justicia), descargándose así de las responsabilidades ingratas que no quería asumir en algunos casos y momentos, escondiéndose mientras tanto detrás de la pantalla de esas otras instancias. Las decisiones de los Tribunales Constitucionales, en ocasiones decepcionaron por no haber criticado tales procederes, mientras que en otras la censura

---

[62] Miguel Ayuso, «Una crisis que deja al descubierto la crisis: sobre el coronavirus y sus secuelas», en Lucio Franzese y Antonio Incampo, *Potere e libertà al tempo delle emergenze*, Bari, Cacucci, 2021, pp. 69-82.

simplemente llegó tarde y quedó en algo sin trascendencia más allá del papel.

Pero también fue claro en el campo de los derechos y su tutela. Los confinamientos y las medidas adoptadas para restringir la libre circulación difícilmente podían tener encaje en la doctrina de los derechos fundamentales tal y como se recoge en la dogmática constitucional o como se articula en la tópica de las decisiones de los tribunales constitucionales. La autodeterminación, para la doctrina dominante, es el núcleo de la constitución moderna (*rectius* posmoderna). Lo que ha dicho expresamente hace decenios la Corte Constitucional italiana, pero que —aun sin proclamarlo así— no deja de estar implícito en el modo de proceder de las demás. Resulta singular ver cómo tal autodeterminación no sólo pasaba a un segundo (siendo benévolos) plano, sino que se evaporaba. Y con ella principios de la doctrina constitucionalista tales como el efecto irradiante de los derechos fundamentales o la interpretación restrictiva de las normas limitadoras de éstos. Sólo avanzaba por medio de la eutanasia, practicada *de facto* e impulsada incluso al nivel legislativo en algunos países aprovechando la coyuntura. Lo que demuestra una vez el carácter operativo de los derechos humanos, en favor de algunas causas y en contra de ciertas instituciones, pero siempre un útil de demolición de cualquier residuo del orden. En tal sentido, los llamados «nuevos derechos» se instalan sin duda en una línea de profundización de los anteriores, pero no esencialmente distinta. Pese a que una mixtura de abogadismo, clericalismo y, en definitiva, liberalismo (conservador) se esfuerza en disociarlos. Abogadismo porque una cosa es el uso que se puede hacer en un proceso de los instrumentos que tenemos a nuestra disposición para defender nuestra causa y otra utilizarlos en el seno de una discusión teorética. Clericalismo que busca «bautizar» lo que nació para combatir el orden natural y el papel de la Iglesia, según una estrategia deletérea que trata de abrazarse con lo que se califica —sin la menor problematización— de «progreso». Liberalismo conservador, para terminar, pues no sale del sistema que está en la raíz de los desarrollos a las que incoherentemente se opone. Si lo que se quiere decir es que estamos peor que en 1789 o 1948 lo concedemos sin dificultad. Pero de ahí no se desprende que la situación en la que ahora estamos no tenga nada que ver con lo ocurrido en 1789 o 1948. O de otro modo: si quieren que digamos que los «nuevos» derechos son peor que los «antiguos», concedemos otra vez, pero eso no implica que aquéllos carezcan de relación con éstos. Los derechos humanos son lo que son desde el inicio. Y han ido apurando su lógica hasta explotar los efectos al máximo. Hay que dejar de lado el eterno soniquete de las dos modernidades, las dos ilustraciones, los dos liberalismos y, ahora, los dos derechos humanos.

Estamos, pues, ante una situación que, aunque incoada desde hace decenios, se ha visto intensificada por los acontecimientos de los últimos años. Tanto en la relación de los poderes entre sí cuanto en la operatividad de los derechos se han asentado prácticas que puede resultar difícil revertir. Más aún cuando, como hemos dicho, coronan procesos que ya estaban en acto.

CAPÍTULO II

LAS TRIBULACIONES DEL PARLAMENTO

I. LA PARTICIPACIÓN

No es término unívoco el de participación. Es conocida, de un lado, su importancia en el seno de la filosofía platónica, que en este punto asumió a su manera SANTO TOMÁS DE AQUINO[1]. Para la primera, las cosas participan de las Ideas, y a ella deben sus perfecciones, aunque se encuentren individualizadas por su inserción en la materia. El segundo, por su parte, a través de su investigación de la sustancialidad, alcanza la exposición de las causas segundas y finalmente la analogía del ser.

En el contexto que nos ocupa, su significación es sin embargo más limitada. Mi maestro Juan VALLET DE GOYTISOLO, que fue presidente de la Real Academia de Jurisprudencia y Legislación tras ha-

---

[1] Miguel AYUSO, *La cabeza de la Gorgona. De la* hybris *del poder al totalitarismo moderno*, Buenos Aires, Nueva Hispanidad, 2001, pp. 15 y ss. Hay una edición brasileña.

ber sido su secretario general durante tres lustros, la definía como la interacción entre lo múltiple y lo uno, que confiere a la multiplicidad un cierto sentido de unidad funcional superior y produce una armonía tal que sin romper la unidad tampoco destruye la multiplicidad[2]. Así pues, no puede hablarse de participación cuando en lugar de interacción hay dialéctica entre los elementos múltiples o entre éstos y la unidad integradora. Ni tampoco si lo múltiple desaparece absorbido en la unidad superior. La verdadera participación requiere, pues, diversidad de competencias en la unidad superior y de cada elemento de la pluralidad. Tales competencias vienen determinadas dinámicamente de modo natural por el principio de subsidiariedad, que fija la que corresponde a cada cuerpo social para suplir o complementar lo que sus elementos integrantes no pueden realizar[3].

Por eso el mayor error radica en que, desbordando la propia esfera de competencia, todos participen en todo. Aunque también se dan otras fórmulas falsas de participación cuando la unidad multiplica sus tentáculos, como en la desconcentración vestida de descentralización, y cuando la pluralidad es sustitui-

---

[2] Juan VALLET DE GOYTISOLO, *Algo sobre temas de hoy*, Madrid, Speiro, 1972, pp. 217 y ss.

[3] El principio de subsidiariedad fue acuñado por Pío XI en su encíclica *Quadragesimo anno* (1931), si bien aparece apuntado por LEÓN XIII en *Rerum novarum* (1891). Sin embargo, se halla radicado en la filosofía política clásica de ARISTÓTELES o SANTO TOMÁS DE AQUINO. Véase AA.VV., *El principio de subsidiariedad*, Madrid, Speiro, 1981, y últimamente los textos de Danilo CASTELLANO, Bernard DUMONT y Miguel AYUSO en *Verbo* (Madrid), n. 565-566 (2018), pp. 475-522.

da por un órgano colectivo. En el primero de los casos «se hace participar pasivamente a la periferia de los servicios centralizados del órgano central, pero sin dar a los integrantes de aquélla ninguna participación activa en la administración de estos servicios». La sociedad es administrada por los funcionarios de la unidad superior, falseamiento todavía mucho mayor cuando éstos vienen además considerados representados de sus administrados. Mientras que, en el segundo, «con la formación de órganos colectivos, de los que se afirman que representan a todos porque lo integran representantes de su pluralidad, tampoco se desarrolla una verdadera pluralidad y, por tanto, ésta no participa realmente en ella, que, por el contrario, le resta parte del ámbito de la propia competencia». La razón estriba en que resultan dos unidades de composición diversa, una personalmente única (por ejemplo, un jefe de Estado o el papa) y otra colectiva o colegial (por ejemplo, un Parlamento o una Asamblea episcopal)[4].

II. LA REPRESENTACIÓN

Los tres grandes capítulos de la teoría del Estado dicen tener relación con el poder, la sociedad y la representación. Los dos primeros constituyen los polos en torno a los que gira la especulación política, mientras que el tercero trata de la articulación de la relación entre ambos[5].

---

[4] *Ibid.*, pp. 218-219.
[5] José Pedro GALVÃO DE SOUSA, *Política e Teoria do Estado*, São Paulo, Saraiva, 1957, p. 133. Sobre GALVÃO, véase Francisco

Se debe a otro de mis más queridos maestros, el profesor brasileño José Pedro GALVÃO DE SOUSA, un esquema que abraza toda la temática de la representación: *a)* examinando primero el significado del término en el lenguaje vulgar y en el técnico jurídico-político; *b)* analizando a continuación la de la sociedad política; *c)* recorriendo también su funcionalidad en el Estado de partidos y en la sociedad de masas; *d)* relacionándola acto seguido con el poder; *e)* captando su valor simbólico en la manifestación de un orden trascendente, y *f)* recorriendo finalmente la historia de las instituciones representativas, con el fin de extraer de la misma un modelo teórico[6].

Tras comprobar la pluralidad de significados de la palabra representación, bien —en un nivel general— aplicándose a los sectores más variados de la actividad humana, donde manifiesta la relación del hombre con los objetos que le rodean y las personas que conviven con él, bien —en un nivel más concreto— referido al mundo jurídico, donde es preciso distinguir entre el derecho privado y el público, y centrado ya en éste, distingue tres diferentes aspectos de la representación política: la representación *por* el poder, la representación *ante* el poder y la representación *en* el poder[7].

ELÍAS DE TEJADA, «José Pedro Galvao de Sousa y la cultura brasileña», *Verbo* (Madrid), n. 221-222 (1984), pp. 49-88; Miguel AYUSO, «José Pedro Galvão de Sousa, filósofo del derecho y iuspublicista», *Verbo* (Madrid), n. 305-306 (1992), pp. 529-540.

[6] José Pedro GALVÃO DE SOUSA, *Da representação política*, São Paulo, Saraiva, 1971, y la recensión de Francisco PUY en *Verbo*, n. 109-110, 1972, pp. 1036 y ss. Hay edición castellana (Madrid, Marcial Pons, 2011).

[7] José Pedro GALVÃO DE SOUSA, *Da representação política*, cit., pp. 17 y ss.

a)   La representación de la sociedad por el poder —que le confiere su unidad—, tiene lugar cuando los dirigentes actúan en nombre de la sociedad que gobiernan, y no implica que existan órganos representativos del pueblo junto al gobierno —aunque no los excluya—, sino que requiere siempre un mínimo consenso sin el cual no es posible gobernar. Se trata de la representación inherente al poder, que dimana de la propia articulación de la sociedad, sin la cual ésta resultaría acéfala. Es la realidad insuperablemente aprehendida por Eric VOEGELIN, cuando escribe que «las sociedades políticas en forma para la acción» deben poseer una estructura interna que permita a algunos de sus miembros —el jefe, el gobierno, el príncipe, el soberano, el magistrado, etc., según la variable terminología de las distintas edades— contar con una obediencia habitual a sus actos de mando, a cambio de servir las necesidades existenciales de la sociedad, tales como la defensa del territorio y la administración de la justicia[8].

b)   La representación de la sociedad ante el poder implica la existencia en aquélla de «instituciones representativas». En este caso, la representación forma el ligamen entre la sociedad y el poder: el poder representa a la sociedad y ésta se representa ante aquél, elevándole las conveniencias y necesidades sociales. El poder representa a la sociedad política, en cuanto ésta constituye una «unidad»; la sociedad se representa ante el poder en cuanto «multiplicidad», es decir, en la pluralidad de grupos que la componen y las diversas aspiracio-

---

[8] Eric VOEGELIN, *New Science of Politics*, Chicago, Chicago University Press, 1952, pp. 36 y ss.

nes de sus miembros, con sus diversos intereses y opiniones: reales en la representación corporativa, predominantemente ideológicos en el régimen de partidos. Cuando el poder es asumido por la asamblea representativa, se confunden la representación por el poder y la representación ante el poder, lo que implica, a su vez, la confusión entre representación y poder político.

c) La representación de la sociedad en el poder conduce al «gobierno representativo», característico de las sociedades organizadas. Los órganos representativos colaboran con el poder en el gobierno, colaboración que presenta diversos módulos y se efectúa de diferentes maneras, que oscilan de lo meramente consultivo hasta la participación efectiva en el poder[9]. En relación con este último aspecto, nuestro autor distingue la participación del pueblo en el gobierno —en los términos que acabamos de ver— de la idea moderna de gobierno representativo, originada a consecuencia de las transformaciones constitucionales de Inglaterra —que condujeron al parlamentarismo— y de la experiencia política americana —que fraguó el presidencialismo— alumbrando la moderna democracia representativa. Ahora bien, comenta juiciosamente GALVÃO DE SOUSA, «cuanto más amplia sea la re-

---

[9] Ejemplo suficientemente expresivo de este modelo es el pactismo de la Cataluña clásica —estudiado por VALLET DE GOYTISOLO y ELÍAS DE TEJADA—, en el fondo concreción histórica del régimen mixto del tomismo. Véase Juan VALLET DE GOYTISOLO, «Presentación» a AA.VV., *El pactismo en la historia de España*, Madrid, Instituto de España, 1980, pp. 11 y ss.; Francisco ELÍAS DE TEJADA, *Historia del pensamiento político catalán*, Sevilla, Montejurra, 1963-1965, 3 vols.

presentación de la sociedad ante el poder, tanto más perfecta podrá ser»; «pero, la representación de la sociedad en el poder, para compartir la dirección de la cosa pública, tiene que ser restrictiva, y cuanto más rigurosa sea la selección, tanto más perfecto será el gobierno»[10].

III.   REPRESENTACIÓN Y GOBIERNO

En lo anterior ya se ha apuntado la evolución que conduce de los viejos sistemas representativos a la democracia moderna, así como la confusión que en ésta se produce entre gobierno y representación. Dado que éste es uno de los temas fundamentales de la teoría de la representación, no estará de más que extendamos su consideración, tanto en el orden histórico como en el teorético.

En el régimen histórico representativo del Bajo medievo, poder y representación se distinguen perfectamente y pactan entre sí, sin alienación alguna de las libertades correspondientes a las familias, municipios y demás comunidades. En las monarquías absolutas, con el comienzo de la centralización del Estado moderno, se produce una paralela decadencia de las instituciones representativas, que quedan así mutiladas o desnaturalizadas. El poder, pues, suprime la representación. Con la revolución liberal y el «absolutismo democrático»[11] se trató de

[10] José Pedro GALVÃO DE SOUSA, *Da representação política*, cit., p. 30.

[11] Enrique GIL Y ROBLES, *El absolutismo y la democracia*, Salamanca, Imprenta Católica Salmanticense, 1892. Se trata del discurso

que la representación absorbiera el poder, al tiempo que ésta sufría una transformación radical, pues dejaba de serlo del pueblo en concreto, en su multiplicidad, para alienarse a la voluntad —más o menos manipulada— de la mayoría. Finalmente, en la fase de crisis de la democracia, con el fortalecimiento del ejecutivo y el marasmo parlamentario, vuelve a iniciarse un proceso de alejamiento de la representación o, mejor, de que una manipulada representación facilite la mayoría parlamentaria al partido que posee los resortes del ejecutivo [12].

En recta teoría política es preciso «que el gobierno sea capaz de gobernar» y «que los ciudadanos sean representados para que no sean oprimidos». La salud del sistema está en función de las relaciones trabadas entre ambos factores, pues si uno absorbe o destruye las funciones del otro queda desajustada la vida política y social, tanto del Estado como del pueblo que lo sufre. En ambos casos, además, la verdadera participación del pueblo en la vida pública se esfuma. Si es el gobierno quien rompe el equilibrio con su predominio, entonces enseñorea la máxima del despotismo ilustrado: «Todo para el pueblo, pero sin el pueblo». Si, por el contrario, el poder es anegado, el pueblo corre el riesgo de ser representado tan sólo de manera nominal y precisamente por sus manipuladores —los representantes elegidos mayoritariamente a quien en verdad representan es al partido del que forman parte y

---

inaugural del curso académico 1891-1892 en la Universidad de Salamanca.

[12] José Pedro GALVÃO DE SOUSA, *Da representação política*, cit., pp. 80-83.

a cuya disciplina están sujetos—, en tanto que las élites —sin las que no hay sistema auténticamente representativo— se apartan o son apartadas de la política[13].

IV.   ¿AUTÉNTICA REPRESENTACIÓN?

Una vez que hemos trazado un cuadro muy general sobre las distintas realidades que se esconden bajo la rúbrica de representación de la sociedad, y seguidas las líneas maestras de la evolución del problema, estamos en condiciones de comparar el viejo sistema de representación con el moderno llamado «gobierno representativo».

En resumen, el profesor GALVÃO DE SOUSA encuentra que en el sistema representativo tradicional: *a)* la representación se basa en los grupos, porque la sociedad es un conjunto jerárquicamente entrelazado de grupos; *b)* el representante es un mandatario de un estamento o categoría social; *c)* el mandato ha de ser, pues, imperativo; *d)* la asamblea representativa tiene una función genérica consultiva, siendo deliberativa solamente en materia de leyes fundamentales e impuestos, y *e)* la representación es dependiente del poder, que la convoca a su arbitrio.

Por su parte, el gobierno representativo moderno responde a los siguientes caracteres: *a)* la representación se basa en los individuos, porque la sociedad política es una suma de individuos; *b)* el representan-

---

[13]   *Ibid.*, pp. 88-89.

te lo es de toda la nación; *c)* el mandato es representativo solamente, esto es, ilimitado o ilimitable; *d)* la asamblea tiene una función deliberativa, usufructuando el poder legislativo, y *e)* la representación es independiente —separación de poderes—, llegando incluso a la postre el gobierno a depender de la representación en los supuestos del parlamentarismo[14].

La primera diferencia —que es dado extender a la segunda— arraiga propiamente en la filosofía social. El modelo tradicional se sitúa en estrecha dependencia de una filosofía comunitaria, lo mismo que el moderno responde fielmente al designio individualista. De ahí que, incluso, de acuerdo con un entendimiento muy querido al profesor ELÍAS DE TEJADA, podamos decir que en el fondo la diferencia es propiamente una cuestión de antropología filosófica[15]. De un lado, el hombre abstracto, salvaje carente de tradiciones y por definición bueno sobre el que, a través del «contrato social», se crean las nuevas instituciones. De otro, y enfrentado, el hombre real, concreto, de carne y hueso, que en la tupida red de sus relaciones nos ofrece una auténtica constitución orgánica[16]. Al ilustrar la explicación de que la individualidad resulta irrepresentable, se advierte la labor destructora de la vida social que ha acompañado a la revolución. Pues significa la

---

[14] *Ibid.*, p. 132.

[15] Francisco ELÍAS DE TEJADA, *Introducción al estudio de la ontología jurídica*, Madrid, Gráficas Ibarra, 1942, pp. 69-76.

[16] Juan VALLET DE GOYTISOLO, *Tres ensayos. Cuerpos intermedios. Representación política. Principio de subsidiariedad*, Madrid, Speiro, 1981. Véase José Joaquín JEREZ, «Libertad civil, subsidiariedad y foralismo en Vallet de Goytisolo», *Fuego y Raya* (Córdoba de Tucumán), n. 12 (2016), pp. 123-161.

sustitución de un régimen surgido de la historia y adaptado a las necesidades concretas de los grupos, por un apriorismo ideológico forzosamente débil y extraño a la vida real humana[17].

La tercera diferencia, tras el surco de las que acabamos de examinar, se instala propiamente en el mandato. Hay dos clases de mandato político: el «mandato imperativo» y el «mandato representativo». En el primero cada diputado representa una circunscripción electoral o un determinado grupo que lo ha elegido, del que, por ello, recibe instrucciones especiales y precisas. De acuerdo con el segundo, en cambio, se considera que el diputado representa a la «nación», sin estar vinculado por ninguna directriz que previamente le hayan marcado sus electores concretos. La doctrina política moderna, como es sabido, se ha opuesto sistemáticamente al primero, alegando que una representación de su clase sólo tiene sentido en el plano jurídico, pero no en el político. GALVÃO DE SOUSA, frente a este prejuicio, sostiene la politicidad estricta del mandato imperativo, demostrando que en verdad existen dos sistemas diferentes de representación política. En uno el mandato es amplio y en el otro restringido, pero ambos son representativos. Más allá todavía, es posible afirmar que la representación está implicada de un modo más pleno en el mandato llamado imperativo, al trabar una vinculación más estrecha entre el diputado y sus electores[18]. La realidad de

---

[17] Rafael GAMBRA, *La monarquía social y representativa en el pensamiento tradicional*, Madrid, Rialp, 1954, pp. 21 y 182-189.

[18] José Pedro GALVÃO DE SOUSA, *Da representação política*, cit., pp. 45 y ss.

las cosas nos ha mostrado sobradamente cómo las modernas fórmulas, por la vía del sucedáneo, buscan también el control inherente al mandato imperativo: piénsese en la disciplina de voto y en las dificultades que levanta el transfuguismo, etcétera.

Los dos últimos caracteres también nos ofrecen materia bastante para proseguir con la comparación. En cuanto a las funciones de las asambleas, las reformas más recientes acreditan la necesidad de considerarlas en su pura función representativa de la sociedad ante el poder, desde el momento en que cada vez es más aneja al ejecutivo la función legislativa y gubernativa. Y es que, como quiere el régimen tradicional, las Cortes no deben gobernar, sino tan sólo ayudar a gobernar, auxiliando al poder de dos modos: positivamente, al mostrarle las necesidades y aspiraciones reales de la nación; y negativamente —al legislar en materia de leyes fundamentales, impuestos y contrafuero—, impidiendo o aminorando al menos sus abusos de poder. Es que, como antes teníamos ocasión de sentar, gobierno y representación deben ser independientes. A la representación cumple manifestar la variedad del cuerpo social, reuniendo elementos procedentes de todas las estructuras que lo constituyen —económicas, profesionales, regionales, espirituales—, de modo que refleje lo mejor posible la realidad de la vida nacional. Al gobierno cabe la tarea de realizar la unidad social mediante la supervisión de dicho conjunto. Las relaciones entre la asamblea legislativa y el gobierno, manteniéndose aquella independencia, podrán ser de armonía y equilibrio. Así, encontrándose el movimiento ascendente de la representación con la expresión descendente del poder, brotará la solución al conflicto libertad-autoridad[19].

Finalmente, en cuanto al último aspecto, es el único en el que el sistema tradicional presenta mayores debilidades que el moderno, pues al depender del gobierno la convocatoria de las asambleas representativas, bastó con que los monarcas absolutistas dejaran de reunir Cortes, para que quedara seriamente dañado el principio. No obstante lo cual, el ejemplo catalán —también podría exhumarse el inglés— es buena prueba de cómo podrían atajarse tales problemas, pues preveía constitucionalmente por vía de fuero la periodicidad de reunión[20].

V. EL PARLAMENTARISMO Y SU EVOLUCIÓN

La vida política siempre ha conocido algún tipo de institución colegiada, con frecuencia de naturaleza representativa: Cortes, Parlamento, Estados Generales, Dietas, etc., atraviesan la historia. Pero, como acabamos de ver, hay una representación antigua y otra moderna. El parlamentarismo es una modalidad de ésta, de origen inglés y formalización francesa.

Gonzalo Fernández de la Mora, ministro y embajador, inolvidable amigo, con quien las coincidencias en la *pars destruens* se entreveran con dis-

---

[19] *Ibid.*, pp. 83 y ss.

[20] *Ibid.*, p. 132.

crepancias respecto de la *pars construens*, presentó la historia constitucional británica como un forcejeo, primero entre la Corona y los nobles, luego entre la Corona y las comunas y finalmente entre la Corona y los partidos. Así, el Parlamento, empieza siendo el instrumento de la aristocracia, pasa a serlo luego de los burgos y finalmente de la oligarquía partitocrática. Pide al inicio que se le escuche, más tarde reclama la competencia para imponer contribuciones, poco después reivindica el poder legislativo y, a la postre, el ejecutivo. Este último es el momento en que nace el parlamentarismo estricto, en los usos más que en los textos. Será la Constitución francesa de 1793 la que lo recogerá en su art. 63 («el cuerpo legislativo elige a los miembros del Consejo»), aunque la inestabilidad de la Constitución escrita en esta tradición hará que no vaya a estabilizarse, pues sólo lo hallaremos (paradójicamente) como un uso en la III República y en la Constitución de 1946. Respecto de España, sólo se implantará en rigor con el art. 64 de la Constitución de 1931, pues desde la de 1812 (art. 171) hasta la de 1876 (art. 54) las Constituciones reconocen al rey la potestad de nombrar y separar libremente a los miembros del gobierno, aunque sobre todo a partir de la Restauración se puedan apreciar algunas prácticas parlamentarias. Así pues, «el parlamentarismo es una fórmula constitucional moderna, que consiste en la subordinación del Gobierno a la Cámara. De este modo hay, más que una creación continuada del poder ejecutivo por el legislativo, una subyacente unidad de poder, puesto que la misma institución ejerce la función de elaborar normas y de gobernar: el Parlamento legisla por sí mismo y, además, gobierna a través de su mandatario que es el Gabinete. El parlamentarismo anula parcialmente el dieciochesco principio de la separación de poderes, que muchos consideran consustancial a la democracia»[21].

Si la afirmación del modelo fue laboriosa, no lo ha sido menos su mantenimiento. Y se ha visto envuelto no sólo en críticas sino en lo que ha podido calificarse de crisis, doctrinal e histórica, en las ideas y los hechos. Y no estamos refiriéndonos a fenómenos recentísimos, sino que por lo menos se remontan a hace un siglo, a los años veinte del siglo XX. Aunque en puridad, según lo que también hemos observado, podrían atribuírsele *a nativitate* a la representación moderna. Por no salir de España, hemos pasado por el sufragio censitario, el turno pacífico de los partidos (que podríamos muy bien llamar el fraude electoral) y la violencia política.

En puridad, ha resumido FERNÁNDEZ DE LA MORA, «para que el sistema funcione aceptablemente se requiere una mayoría parlamentaria estable que apoye al Gobierno, que le permita administrar, y que le libere de la diaria lucha por la supervivencia. Tal situación se da siempre en los regímenes bipartidistas puros, donde necesariamente sale de las elecciones un partido mayoritario. Un resultado análogo se alcanza cuando, en función de afinidades duraderas, se forma una alianza de partidos tan estable que equivale a un bipartidismo

---

[21] Gonzalo FERNÁNDEZ DE LA MORA, «La crisis del parlamentarismo», *Anales de la Real Academia de Ciencias Morales y Políticas* (Madrid), n. 56 (1979), pp. 251-252.

resultante. En ambos supuestos, el Gabinete es representativo y, a la vez, capaz de gobernar. Pero el parlamentarismo no asegura ni la continuidad, ni la fortaleza, ni la eficacia del Gobierno allí donde la legislación electoral y las urnas dan lugar a un pluripartidismo de minorías que, además, son programática e ideológicamente insolidarias. En este supuesto, se imponen los Gobiernos de coalición, casi siempre débiles, ineficaces y efímeros. Son débiles porque carecen del seguro respaldo de la Cámara dividida. Son ineficaces porque no poseen la suficiente homogeneidad y cohesión internas. Y son efímeros porque las inevitables disensiones y aun los eventuales cambios de alianzas entre los partidos conllevan crisis de Gabinete»[22]. A lo anterior ha de añadirse otro hecho, ligado al espacio más o menos vasto en que el Estado ejerce su acción: «Cuando el Estado ejerce su acción sobre reducidas parcelas de la vida social, el parlamentarismo es tolerable porque la nación se organiza y se desarrolla, en gran medida, independientemente de la Administración pública. Es el caso de algunos Estados europeos del siglo XIX que respondían al

---

[22] Gonzalo FERNÁNDEZ DE LA MORA, «Un modelo presidencialista», *Anales de la Real Academia de Ciencias Morales y Políticas* (Madrid), n. 55 (1978), p. 107. A su juicio, ejemplos característicos son la República de Weimar y la Segunda República española. Pero, tras examinar el (a la sazón) todavía proyecto de Constitución española, apunta también al mismo, al concluir que «la fórmula constitucional menos adecuada para las circunstancias españolas es el parlamentarismo» (p. 110). De manera que propone unas modificaciones que habrían conducido «a un cuasi presidencialismo, compatible con la monarquía, y con más garantía de estabilidad que la que, en las circunstancias españolas, proporcionaría el parlamentarismo» (p. 113).

famoso juicio de un observador francés: "el Gobierno es tolerable porque gobierna poco". Pero hoy, en un país desarrollado, el Estado ha extendido de tal modo su ámbito de actividad que condiciona decisivamente la mayor parte de la vida ciudadana. No todo es política: pero casi todo depende de ella. Y la complejidad de la actividad pública requiere, no la acción intuitiva e improvisada, sino la planificación rigurosa y a medio plazo y, por tanto, la continuidad gestora. Por eso, ahora más que nunca, se requieren Gobiernos fuertes, capaces y duraderos. El umbral de anarquía tolerable —el llamado "precio de la democracia"— aumenta en proporción a la renta nacional por habitante y al cociente educativo. Cuando una sociedad ha alcanzado un gran nivel de civismo y de desarrollo, y no padece grandes problemas estructurales, puede soportar cierto desgobierno e incluso un determinado vacío de poder con un coste social menos oneroso que aquellas sociedades de insolidaridades profundas, de escaso desarrollo o con graves conflictos fundamentales, ya de carácter cultural, ya laboral, ya económico, ya institucional. En estas sociedades menos estabilizadas y opulentas, la ausencia de un Gobierno robusto, eficaz y estable equivale al desahucio nacional»[23].

VI.   LA CRISIS DEL PARLAMENTARISMO

Es precisamente el panorama sucintamente descrito el que permitió hablar de crisis del parla-

---

[23] *Ibid.*, p. 108.

mentarismo. Crisis, como hemos dicho, teórica y práctica. En el primero de los terrenos la obra más conocida es la de Carl SCHMITT, pero no debe olvidarse que Hans KELSEN, cualesquiera que fueran sus diferencias con el anterior, y el mismo Max WEBER, no dejaron de formular objeciones al parlamentarismo, sobre todo en su sentido restringido.

En efecto, WEBER en su cualidad de sociólogo, por razones empíricas, no oculta su preferencia por la democracia representativa respecto de la directa; pero respecto de aquélla dista mucho de propugnar el parlamentarismo en sentido restringido y no acepta las ficciones en que se trataba de justificarlo[24]. KELSEN, por su parte, es un defensor inconcuso del Estado demoliberal, lo que le lleva a afirmar que el parlamentarismo como forma de Estado puede jactarse «de una labor muy respetable, consistente en la emancipación de la ciudadanía frente a los privilegios hereditarios de las clases». Sin embargo, anota a continuación que «los historiadores contemporáneos y la ideología política de hoy dictan un fallo desfavorable para el parlamen-

---

[24] Max WEBER, *Parlament und Regierung im neugeordneten Deutschland. Zur politischen Kritik des Beamtentums und Parteiwesens*, München-Leipzig, Duncker&Humblot, 1918. Resulta significativo el carácter precursor del escrito. Hay una edición castellana en Max WEBER, *Escritos políticos*, Madrid, Alianza Editorial, 2008. Gonzalo FERNÁNDEZ DE LA MORA, «La crisis del parlamentarismo», *loc. cit.*, p. 254, resume así: «Lo que Max WEBER pide del parlamentarismo es que apruebe las leyes y los presupuestos, y que fiscalice a la administración; pero no que sea la institución hegemónica. No apoyó, pues, el parlamentarismo en el momento en que la Alemania derrotada iba a adoptarlo siguiendo el modelo franco-británico, un canciller dependiente del voto de confianza o de censura del Reichstag».

tarismo». E incluso: «Se padece hoy de cierta fatiga producida por el parlamentarismo, si bien no cabe hablar —como hacen algunos autores— de una crisis, una "bancarrota" o una "agonía" del parlamentarismo»[25].

Queda SCHMITT. El autor al que vengo siguiendo en este trecho describe su empeño intelectual de los años veinte del siglo de igual número como un contraste de la Constitución alemana de 1919, la de Weimar, con la teoría del Estado demoliberal y con la realidad-política. Para lo que describió sistemáticamente —de modo superior a KELSEN— el modelo democrático ideal, comparándolo a continuación —en un ejemplo de exégesis jurídica— con la citada Constitución y, finalmente, parangonándolo con la democracia existente. Entiende que, de las tres, quizá sea esta aportación la más interesante y menos conocida: «El parlamentarismo, que es la vertebral pieza democrática, consiste en que la nación elige a los mejores para que, en representación suya, discutan públicamente, se iluminen con sus respectivas razones, se convenzan y elaboren por mayoría unas leyes de alcance general sin más

---

[25] Cfr. Hans KELSEN, *Vom Wesen und Wert der Demokratie*, 2.ª ed., Tubingen, Verlag von J. C. B. Mohr (Paul Siebeck), 1929. De la que hay edición castellana de Rafael LUENGO y Luis LEGAZ, *Esencia y valor de la democracia*, Barcelona, Labor, 1934, pp. 48 y ss. Donde se remite a otro texto suyo, *Das Problem der Parlamentarismus* (1925), posterior a la primera edición de *Esencia y valor de la democracia*, que era de 1920. La referencia final a la crisis, bancarrota o agonía es bien significativa. Otro de mis maestros, Eugenio VEGAS LATAPIÉ, lo explicó de manera articulada en su *Romanticismo y democracia*, Santander, Aldus, 1938, donde pasa revista a la literatura francesa e inglesa, además de la alemana, sobre el asunto.

limitación que el respeto a los derechos del hombre, que son anteriores y superiores a cualquier otra norma. SCHMITT demuestra que ninguna de esas condiciones teóricas se cumple en las democracias modernas. No es la nación la que elige, puesto que está dividida en clases, en bandos ideológicamente contrapuestos y, a veces, en minorías étnicas o religiosas no integradas [...]. Estos elegidos no son los mejores a juicio del pueblo, sino los que los partidos han puesto a la cabeza de las listas y que suelen ser los más manejables por la oligarquía partitocrática. Consecuentemente, lo que se vota no es a una persona, sino a un partido, y los diputados no representan a la nación, sino al partido. Los parlamentarios no dialogan para convencerse porque la disciplina de grupo les obliga a votar como les haya ordenado su portavoz, incluso antes de que empiece el debate. Los discursos son puras formalidades por las que nadie se puede dejar convencer. Lo que se dice en la Cámara no es todo lo decisivo; al contrario, los acuerdos fundamentales suelen adoptarse en los pasillos y, a veces, en la clandestinidad. Las leyes no siempre se elaboran por simple mayoría, pues los partidos que redactan la Constitución incluyen en ella materias de ley ordinaria y aun puntos de su programa que, al estar integrados en la Constitución, sólo pueden ser modificados por mayorías especiales, incluso de dos tercios, con lo cual se incapacita a las futuras mayorías simples. Este tipo de maniobras demuestra que el Parlamento constituyente no se fía de los que le van a suceder y les pone dificultades suplementarias. Y las Cámaras consideran que es ley todo lo que ellas acuerdan, aunque no sea una norma de carácter general, sino incluso un privilegio, con lo cual dan rango jurídico superior a materias que son inferiores. En suma, la Constitución no es la ley de las leyes, sino el instrumento de ciertos partidos, y el Parlamento no integra las contradicciones individuales en la unidad del Estado, sino que potencia un pluralismo de grandes bloques clasistas, ideológicos o étnicos que fragmentan al Estado»[26].

En ese período al que se contraen los tres autores alemanes recién referidos, pues, no sólo la reflexión o la teorización evidenciaron —si no tenemos miedo a las palabras— la crisis, sino que ésta emergió en los hechos con particular fuerza. El desenlace de la Segunda Guerra Mundial propició su retorno, metamorfoseado en algunos de sus rasgos, aunque para producir a la larga (o no tanto) frutos de la misma especie. No podía ser de otra manera. De ahí que, ya con referencia a los años setenta del siglo pasado, pudiera avizorarse de nuevo la crisis. El peso creciente de los partidos, en comparación con el período anterior, coloreó el parlamentarismo de partitocracia[27]. Al tiempo que, para huir de algunos de los vicios más llama-

---

[26] Gonzalo FERNÁNDEZ DE LA MORA, «Los noventa años de Carl Schmitt», *El País* (Madrid), 25 de julio de 1979. Si he elegido este artículo de periódico por encima de otras contribuciones suyas más extensas y académicas es porque sintetiza la cuestión en pocos párrafos. La obra más relevante a este respecto es *Die geistesgeschichtliche Lage des heutigen Parlamentarismus*, Berlin, Duncker&Humblot, 1923, en versión castellana, *Los fundamentos históricos-espirituales del parlamentarismo en su situación actual*, Madrid, Tecnos, 1996.

[27] Es un tema central en la obra de FERNÁNDEZ DE LA MORA: véanse *La partitocracia*, Madrid, IEP, 1976, y «Contradicciones de la partitocracia», *Razón Española* (Madrid), n. 49 (1991), pp. 153-204.

tivos de aquél, se incorporaron algunas técnicas, como la moción de censura constructiva, que lo hicieron evolucionar hacia el presidencialismo, cuando menos tácito. Esta última es la situación de los regímenes bipartidistas en que las elecciones no son para designar a unos diputados, sino para optar entre los dos máximos líderes en pugna[28]. La «personalización» de los partidos, por lo general denostada, «es el expediente que utiliza el parlamentarismo para simular que sobrevive aunque, de hecho, se transforma en un presidencialismo disfrazado». Pues «cuanto más genuino es el parlamentarismo, mayor la crisis del Estado». Así pues: «El sistema suele fracasar no porque sea malo en sí mismo, sino porque exige condiciones sociológicas excepcionales. Requiere el bipartidismo e incluso la democracia interna de los partidos y la independencia de sus diputados; requiere, además, una cierta homogeneidad entre las alternativas de poder para que el relevo no suponga una revolución; requiere también que la eficacia de la sociedad sea lo suficientemente elevada para que pueda progresar sin gran protección del Estado, y requiere, en fin, o la resignación de los desheredados o que el nivel de la riqueza nacional permita el lujo colectivo de una relativa inoperancia guber-

---

[28] Gonzalo FERNÁNDEZ DE LA MORA, «La crisis del parlamentarismo», *loc. cit.*, p. 278: «Es lo que acontece, por ejemplo, en Inglaterra y en Alemania donde lo que, en definitiva, se vota es o un primer ministro socialista o uno conservador. Las listas de candidatos incluyen a hombres de confianza del líder, que se limitan a actuar como compromisarios para tratar de designarle presidente y, en cualquier caso, como simples números para votar sus iniciativas en el parlamento».

nativa. Los países que reúnen estos requisitos son cada vez más raros en el horizonte mundial»[29].

VII.　EL DESAFÍO POPULISTA

Un estudioso español, recientemente, ha rechazado la que rubrica como «opción liquidadora». Liquidadora, hemos de precisar, según lo ya dicho, no de las instituciones colegiadas de representación, sino de una de sus versiones: el parlamentarismo. Pero, de modo simétrico, repudia igualmente la «opción populista», afirmada de resultas de la nueva crisis evidenciada en el fin de siglo anterior[30].

Esta «opción», sin embargo, no se presenta desligada de un conjunto de premisas ni separada de una sucesión de etapas. La transición que hoy se aprecia de la democracia «avanzada» a la democracia «declamada», no es sino el último paso de un proceso que ha conocido otras fases precedentes[31]. Así, en extrema síntesis, igual que del liberalismo se pasó a la democracia, ya instaurada ésta (en su versión moderna), derivó primero en partitocracia[32], que

---

[29] *Ibid.*, pp. 278-279.

[30] Ignacio Astarloa, *El Parlamento moderno. Importancia, descrédito y cambio*, Madrid, Iustel, 2017.

[31] Miguel Ayuso (ed.), *De la democracia «avanzada» a la democracia «declamada»*, Madrid, Marcial Pons, 2018. Algunas de las consideraciones que siguen están tomadas de mi contribución inicial, «Dos democracias y dos derechos públicos», pp. 17-50.

[32] Las quiebras palpables de la representación partitocrática y el avance de elementos ligados a la organicidad social han permitido despuntar nuevas tendencias «corporativistas»: «El neocorporativismo es ya una poderosa realidad occidental y pone de mani-

produjo una reacción hacia la tecnocracia[33], cuyas debilidades se pretendió superar con la llamada democracia «deliberativa»[34], dando lugar su fracaso a la emergencia del populismo. Que, al tiempo que protesta contra la democracia «declamada», no deja de consistir en una suerte de subproducto de ella.

Podríamos decir que a las tensiones que el pensamiento moderno sufre en su seno desde sus orígenes, nuestros tiempos posmodernos —sin haberlas logrado conciliar— han añadido otras nuevas que han venido a agravar la situación. En la declaración de derechos revolucionaria de 1789 coexistía la afir-

---

fiesto el decisivo papel que los llamados regímenes democráticos terminan reconociendo a la representación orgánica para resolver algunos de los más graves problemas sociales. El actual renacimiento del corporativismo es un trascendental punto de inflexión en la evolución del Estado demoliberal hacia la convergencia entre el formalismo y los hechos sociales. Los organicistas —krausistas, tradicionalistas, socialcristianos, etc.— son mucho más actuales de lo que sugeriría una visión superficial de las Constituciones occidentales vigentes. En suma, la representatividad orgánica de los cuerpos intermedios puede ser postergada o negada por la ley; pero resulta indestructible porque es una inmensa realidad social de probada eficacia» [Gonzalo Fernández de la Mora, «Neocorporativismo y representación política», *Razón Española* (Madrid), n. 16, 1986, p. 178].

[33] Véase su teorización por un autor que nos ha acompañado en este trecho: Gonzalo Fernández de la Mora, *El crepúsculo de las ideologías*, Madrid, Rialp, 1965 (una edición crítica ha aparecido en Hildesheim, Alemania, en 2013), y *Del Estado ideal al Estado de razón*, Madrid, Real Academia de Ciencias Morales y Políticas, 1972 (se trata del discurso de ingreso de su autor en la Real Academia de Ciencias Morales y Políticas). Para la crítica, severa, de la misma, puede acudirse a Juan Vallet de Goytisolo, *Ideología, praxis y mito de la tecnocracia*, Madrid, Escelicer, 1971.

[34] Juan Fernando Segovia, *Habermas y la democracia deliberativa*, Madrid, Marcial Pons, 2008.

mación del principio de la libertad individual con el principio igualitario de la soberanía nacional o popular (aunque no sean sinónimos exactamente)[35].

He ahí las dos tendencias del liberalismo burgués y la democracia igualitaria, a que antes se ha hecho referencia, y que van a coexistir en equilibrio siempre inestable. ¿Y en nuestros días? ¿Siguen aún presentes? A esas contradicciones de origen, se han añadido hoy otras que las recubren, en una situación más compleja aún.

Para empezar, se ha hecho más evidente, pues el hecho no es nuevo, la desafección del pueblo respecto del Estado democrático. Para el bicentenario de la Revolución francesa se habló, con cierta intención provocadora, pero no sin registrar movimientos sociales, «del pueblo contra la democracia»[36]. Y después la oleada del populismo o, mejor, de los populismos, cuyo único elemento común es el desapego de ciertas formas de democracia, ya que no (frecuentemente) de la ideología en que se basa. Por eso se ha podido decir que recoge muchas teorías políticas modernas, con todos sus errores; que parece contener una denuncia contra los mismos, pero no logra encontrar el camino de la política, la vía para la superación de sus contradicciones y sus peligros. La fascinación que ejercitan las diversas formas de

---

[35] Francisco Elías de Tejada, «Construcción de la paz y asociaciones intermedias», en AA.VV., *Derecho y paz*, Madrid, CSIC, 1968, pp. 83-84.

[36] Cfr. Guy Hermet, *Le peuple contre la démocratie*, Paris, Fayard, 1989. En el fondo, aunque resulte una paradoja, se trata de una verdadera reacción, porque es la democracia la que ha sido un agente contra el pueblo.

populismo y los distintos regímenes que «alimentan», tanto en Europa como en América, evidencian la exigencia de volver a descubrir la política como ciencia (ética) y arte del bien común[37]. Y eso es lo único que no se intenta. Porque se da contemporáneamente otro proceso no menos relevante, cual es el de «los derechos del hombre contra el pueblo»[38]. Es claro que el individualismo que la religión secular de los derechos del hombre expresa, resulta incompatible no sólo con la concepción clásica del pueblo, sino también con la moderna sobre la que se basa la democracia moderna. Hoy, en efecto, son las minorías de todo tipo a cuya protección se consagran los derechos del hombre, convirtiéndose en arma de destrucción de las sociedades[39].

Una serie de signos que ha llevado a algún autor a hablar del «invierno de la democracia»[40]. Se ha observado, primeramente, que el cariz populista ha alcanzado también a los líderes de los países europeos y de los Estados Unidos. A continuación, se ha destacado también el creciente predominio de la llamada «gobernanza» sobre la política en la actuación de los gobiernos, cada vez más centrados en la gestión que en las ideas. En tercer lugar, no ha podido dejar de señalarse el atasco institucional y la grave

---

[37] Danilo CASTELLANO, «Pueblo, populismo y política», en Miguel AYUSO (ed.), *Pueblo y populismo. Los desafíos políticos contemporáneos*, Madrid, Dykinson, 2017, p. 240.

[38] Cfr. Jean-Louis HAROUEL, *Les droits de l'homme contre le peuple*, Paris, Desclée de Brouwer, 2016.

[39] Danilo CASTELLANO, *Razionalismo e diritti umani*, Torino, Giappichelli, 2003.

[40] Guy HERMET, *L'hiver de la démocratie*, Paris, Armin Colin, 2007.

crisis interna de la Unión Europea, que se aleja paulatinamente del sentir de los ciudadanos, dejando al aire sus muchas vergüenzas. También ha sido objeto de análisis el agotamiento del Estado del bienestar y, finalmente, que el lenguaje de la «corrección política» implica una «prohibición de preguntar» adecuada al nuevo totalitarismo, el del «americanismo» radicalizado por el conformismo ambiental[41].

Cada uno de los elementos del anterior diagnóstico exigiría un análisis diferenciado. En lo anterior ya ha quedado, en general, anotado. En lo que toca al populismo y su difusión mundial, no toma del pueblo en general más que el nombre y la excusa. Pero, claro está, es un síntoma. La «gobernanza», también evocada, no implica en general la recuperación del gobierno tanto como el desgobierno de una globalización que más que regir la economía se entrega al economicismo desregulado. La Unión Europea y, en buena medida, el supranacionalismo campante, agrava más que resuelve los problemas de orden político para cuya resolución nació. El Estado del bienestar de la socialdemocracia decadente es el efecto de un largo proceso de descomposición intelectual e institucional, pero las reacciones apodadas de neoliberales o hacen de la necesidad virtud o están aún más desnortadas en sus presupuestos y

---

[41] Todos esos niveles de análisis han sido anotados, cuando no examinados, en mis libros, todos citados, *¿Después del Leviathan?*, Madrid, 1996; *¿Ocaso o eclipse del Estado?*, Madrid, 2005; *El Estado en su laberinto*, Barcelona, 2011; y *¿El pueblo contra el Estado?*, Madrid, Marcial Pons, 2022. Para el asunto de la corrección política, que no es de progenie marxista, como a veces se sugiere, sino liberal, véase Thomas MOLNAR, «Political correctness», *Verbo* (Madrid), n. 327-328 (1994), pp. 795 y ss.

objetivos. Que se haya hablado de cambio de régimen no es frívolo. Podrá no advertirse, porque los procesos (incluso en los tiempos de la aceleración de la historia) no se advierten siempre con rapidez y precisión. Y llevan *su* tiempo. De manera que, a veces, las viejas formas subsisten cuando su alma (en este caso su subrogado) hace tiempo que ha muerto. O se ha metamorfoseado...

VIII. ¿CRISIS DEL PARLAMENTARISMO, DE LA DEMOCRACIA O DEL ESTADO?

Y en esto llega la pandemia y, con ella, la excepción[42].

Una constatación que se impone es la de la inadaptación de los regímenes políticos existentes para afrontar esta crisis y, quizá, cualquier crisis. ¿Qué ha sido del dogma de la separación de poderes sobre el que se basa el constitucionalismo? ¿Qué ha sido de la dignidad de los Parlamentos? Asambleas representativas cerradas, o casi, disminuidas en sus funciones por lo menos en la mayor parte de los lugares. Sustituidas por gobiernos que actúan con frecuencia más allá del marco constitucional, reforzando una línea incoada hace decenios, pero que se ven obligados a hacerlo con mayor o menor acierto. O, incluso, como parece ser el caso español, con total desacierto. Desde lue-

---

[42] Véase Miguel Ayuso, *De la crisis a la excepción (y vuelta)*, Madrid, Marcial Pons, 2021. De donde se toman algunas de las consideraciones siguientes, que allí pueden encontrarse ampliadas.

go, en los sistemas llamados parlamentarios, pero también en los conocidos como presidenciales, en los que —pese a la mayor facilidad ofrecida sobre el papel por la estructura constitucional— los llamados a ejercer el mando no han estado a la altura de lo que se esperaba de ellos. En el fondo, pues, podría señalarse al propio constitucionalismo como responsable de la falta de respuesta o de respuesta acertada.

Pero la emergencia sanitaria ha hecho tambalearse también a la ideología que está en la base del constitucionalismo, a saber, el liberalismo. ¿Qué ha sido de la autodeterminación personal y sus consecuencias siempre más desarrolladas? De un plumazo la hemos visto reducida a su mínima expresión[43], salvo en lo que toca a la ideología «radical», otro mimbre del plexo dominante en nuestro tiempo[44]. Así, la situación ha servido para «concienciar» a las poblaciones y, en ocasiones, avanzar prácticas de eutanasia, cuyo proyecto de ley —en España por ejemplo— se depositó en el Congreso pocas semanas antes del estallido de la epidemia.

Deben subrayarse algunas cosas. La primera versa sobre la legitimidad de la intervención de los Estados ante una emergencia sanitaria. Una segunda se refiere a las medidas concretas que se

---

[43] Rudi Di Marco, *Autodeterminazione e diritto*, Napoli, Edizioni Scientifiche Italiane, 2017, y Miguel Ayuso (ed.), *La autodeterminación: problemas jurídicos y políticos*, Madrid, Marcial Pons, 2019.

[44] Danilo Castellano, *Introduzione alla filosofia della politica*, Napoli, Edizioni Scientifiche Italiane, 2020, cap. 10. Hay edición castellana.

han adoptado, tanto desde el ángulo de su legalidad como de su oportunidad. Y otra final subraya el ya apuntado desfondamiento de los regímenes políticos que hemos conocido hasta ahora y su envoltorio jurídico-constitucional. Con una coda final sobre la paradójica actitud de parte al menos del mundo conservador ante la situación.

Algunas voces han denunciado que estaríamos ante la incoación de un proceso de naturaleza totalitaria. Debería ser cosa sabida, en primer lugar, que colectivismo e individualismo coexisten desde hace decenios en los regímenes políticos occidentales, y más en general en todo el mundo[45]. Como, a continuación, es fácil de entender que ese contexto facilite la toma de algunas medidas como las que hemos visto en este período. Sin embargo, criticar —justamente— el posible exceso o la inconveniencia de una decisión concreta no quita la cuestión de principio: la potestad política no es ajena a la intervención en materia sanitaria cuando se halla en riesgo la salud «pública»[46]. Es cierto que la estatización de la sanidad, bajo la etiqueta de la socialización de la medicina, contra el recto

---

[45] *Ibid.*, pp. 108-109: «El Estado moderno, [ha] evolucionado hacia una forma de colectivismo. Pero el colectivismo, conservado incluso por los que se proclaman "liberales", niega hasta la libertad que el liberalismo persiguió. Se ve obligado a agigantar, además, la burocracia que simultáneamente es opresiva y dañosa: opresiva para el ciudadano y dañosa por los tiempos que impone, así como por los costes que supone. Se ve obligado también a usar de la política como mero poder, prosiguiendo así el camino emprendido por la modernidad».

[46] Danilo Castellano, *Politica. Parole chiave*, Napoli, Edizioni Scientifiche Italiane, 2019, cap. 3. Hay edición castellana.

funcionamiento del principio de subsidiariedad, juega negativamente en este punto. Pero sólo la ideología liberal niega que la autoridad política pueda legítimamente tomar medidas para atajar una epidemia.

En ese sentido, es conveniente examinar, para distinguir, qué se esconde bajo esa denuncia de intervención totalitaria. Pues en muchos casos podemos encontrar, sobre todo, una aplicación del liberalismo (en su versión estricta o en la conservadora) más que una protesta contra el estatismo. Al margen, en todo caso, de que lo ocurrido haya sido aprovechado para poner en marcha procesos que puedan ser ilegítimos.

Otra cosa, claro está, es cómo se instrumenta ese deber de los gobiernos de establecer normas sanitarias (como las cuarentenas, etc.). Lo que nos lleva a la oportunidad de estas. Puede discutirse el encierro prolongado, sin término definido, además, acompañado de la paralización de buena parte de las actividades económicas, con base científica discutible y quizá decidido de manera no suficientemente meditada. Que ha llevado a algunos a hablar de experimento social dirigido al lanzamiento de un cientismo tecnocrático conectado indudablemente con un propósito tendencialmente (por lo menos) totalitario. Pero es difícil negar, primero, la intensidad infecciosa del virus, y la saturación de los servicios sanitarios de urgencia que ha producido, incluso en países con excelentes sistemas sanitarios. De algún modo los gobiernos han reaccionado tarde y con notoria torpeza, en ocasiones irresponsablemente incluso, sin una orientación claramente definida[47].

En resumen, la función gubernativa se ha visto reforzada, más allá —mucho más allá— de la teoría política del liberalismo, que ha sido superada en la praxis incluso por gobiernos que entienden (erróneamente) encontrar su legitimación en la doctrina y el ordenamiento liberales.

El mundo conservador tampoco ha acertado con frecuencia a divisar la *heterogénesis de los fines* que se estaba produciendo ante sus ojos: «Se han podido leer, en efecto, declaraciones coherentes con las doctrinas liberales, pero alejadas, muy alejadas, de la doctrina clásica del gobierno. Se ha reivindicado, por ejemplo, el primado absoluto de la Constitución incluso contra el derecho natural, reivindicación que manifiesta de por sí la aceptación del positivismo jurídico. Se ha polemizado contra la Revolución francesa, aceptando sus principios simultáneamente y no dándose cuenta de que algunas de las elecciones revolucionarias eran (y son) signo de la imposibilidad de eliminar absolutamente las exigencias del orden natural (aunque se justifiquen mal y se apliquen peor). Se ha hablado de totalitarismo a propósito de las limitaciones impuestas, sin distinguir entre imposición arbitraria e imposición determinada por razones sanitarias. Se ha exaltado al individuo contra la comunidad y, en todo caso, contra los derechos de otros individuos. Se ha llegado a sugerir la "desobediencia civil", no impuesta por el respeto de una

---

[47] Miguel Ayuso, «Derecho, religión y pandemia. Una nota de urgencia», *Verbo* (Madrid), n. 585-586 (2020), pp. 389 y ss.

ley que está inscrita en el orden de las "cosas", sino como "vía" para el ejercicio de los derechos concebidos como pretensiones. Signo de una confusión difundida y dictada principalmente por una cultura conservadora que lleva fácilmente a confundir el conservadurismo con la tradición. También por ello se hace necesaria una reflexión sobre estos temas que ayude a comprender diferencias sustanciales que no siempre se entienden»[48].

---

[48] Daniele MATTIUSSI, «Sobre algunas cuestiones poscoronavirus», *Verbo* (Madrid), n. 587-588 (2020), pp. 629-635.

CAPÍTULO III

LAS TRIBULACIONES DE LA ADMINISTRACIÓN DE JUSTICIA

I. INTRODUCCIÓN

Los jueces han saltado desde hace algunos decenios a las primeras páginas de los periódicos en un proceso acelerado sin cesar. Y no sólo los de los altos tribunales, supremos (llamados de casación en algunos países) o constitucionales (donde existen distinguiéndose de los anteriores). En muchas ocasiones incluso los de órganos más alejados de la cúspide de la magistratura. Primera y principalmente los del orden penal, pero no sólo, pues han arrastrado a los administrativos, laborales y aun civiles.

No es fácil individuar los factores que han conducido a esta situación, pues son variados según las distintas culturas jurídicas e incluso dependen de los singulares ordenamientos constitucionales. En una presentación esquemática podríamos distinguir aspectos que tocan a la organización de la administración de justicia y otros referidos a la comprensión de la función jurisdiccional.

II. EL PODER DE LOS JUECES EN EL CUADRO DE LA «SEPARACIÓN DE PODERES»

MONTESQUIEU, pese a las simplificaciones de que ha sido objeto su pensamiento[1], no empleó nunca la expresión «división de poderes»[2], utilizando tan sólo en una ocasión, y en forma exclusivamente negativa, el verbo «separar»[3]. Es importante subrayar que en esa única ocasión se refiere concretamente, además, «al poder de juzgar en relación con los otros dos»[4], esto es, sin concernir a éstos. Puede afirmarse, por tanto, que la expresión «separación de poderes» traiciona el pensamiento de MONTESQUIEU, así como que sería más exacto decir que lo que le preocupaba era verdaderamente la «no confusión» de los poderes legislativo y ejecutivo. Y es que el bordelés sólo rechazó la confusión total de todos o de dos de los tres órganos que ostentan los tres poderes, en el sentido de que no deben estar integrados por los mismos elementos.

---

[1] Véase Juan VALLET DE GOYTISOLO, «La independencia de la función judicial y la pretendida separación de poderes», *Verbo* (Madrid), n. 309-310 (1992), pp. 1017-1044, al que sigo.

[2] Simone GOYARD FABRE, *La philosophie du droit de Montesquieu*, Paris, Klincksieck, 1979, p. 322.

[3] MONTESQUIEU, *L'esprit des lois*, libro XI, capítulo VI, 5.

[4] Cfr. Alberto POSTIGLIOLA, «En relisant le chapitre sur la Constitution d'Anglaterre», *Cahiers de philosophie politique et juridique de l'Université de Caen* (Caen), n. 7 (1985), pp. 17 y ss.

En especial, entendía también que los titulares de la función judicial habían de ser excluidos del poder político supremo, manteniéndose así independientes del legislativo y del ejecutivo; mientras que éstos, por su parte, debían contrapesarse, balancearse y contrabalancearse entre sí para que les resultase necesario ponerse de acuerdo a fin de que el veto de uno no inmovilizase al otro[5].

Puede servir para aclarar estos matices la diferencia que media entre la tesis de MONTESQUIEU —del contrapeso, equilibrio y no confusión de poderes— y la teoría de la separación de poderes tal y como se articuló por la Revolución francesa. Diferencia percibida agudamente por SIEYÈS al escribir que, según MONTESQUIEU, debían participar en la obra del Estado «tres equipos de obreros en una unidad organizada», de modo que uno podía eventualmente deshacer lo hecho por otro; mientras que, conforme opinaba el propio SIEYÈS, «cada equipo debía tener su función propia». Claro está que MONTESQUIEU no pensaba en cuadrillas de obreros, sino en contrapoderes que debían equilibrarse para no caer en el dominio despótico de cualquiera de ellos; en cambio, SIEYÈS se refería a equipos de gobernantes que desempeñasen las funciones en

---

[5] Cfr. Charles EISENMANN, «L'esprit des lois et la séparation de pouvoirs», *Cahiers de Philosophie Politique du Centre de Philosophie Politique de l'Université de Reims*, 1985, pp. 4 y ss.; Charles EISENMANN, «La pensée constitutionnelle de Montesquieu», en AA.VV., *Bicentenaire de l'Esprit des Lois*, Paris, Sirey, pp. 133-160; Juan VALLET DE GOYTISOLO, *Montesquieu: leyes, gobiernos y poderes*, Madrid, Civitas, 1986, pp. 390 y ss.; Juan VALLET DE GOYTISOLO, «La independencia de la función judicial y la pretendida separación de poderes», *loc. cit.*, pp. 1020 y ss.

que se traducían los poderes ejecutivo y judicial, que —a fin de cuentas— dimanaban según él del poder soberano, monopolizado por la asamblea de representantes ostentadores del legislativo.

Lo que buscaba MONTESQUIEU es que el poder político no se ejerza de modo demasiado unilateral, sirviendo sólo a aquellos intereses encarnados en cada uno de los poderes o que realizaran únicamente las ideas de una determinada facción de la sociedad, aunque ésta fuera mayoritaria. Y es que, igual que la doctrina de ROUSSEAU aseguraba la primacía del poder legislativo —expresión de la *volonté générale*—, MONTESQUIEU trataba de crear un «equilibrio institucional», que a la vez consistiera en un «equilibrio social»[6]. La concepción de MONTESQUIEU, pues, no supone una sociedad política artificial, compuesta de tres entidades distintas (legislativa, ejecutiva y judicial), sino diversos elementos o fuerzas reales, sociológica e históricamente imbricadas en el seno de un todo unitario (Estado o nación), que regulen sus intereses —comunes o separados— conforme un postulado de derecho[7].

Tales consideraciones no son en absoluto ajenas a lo que nos interesa. En la versión revolucionaria-jacobina, el poder de los jueces estaba sometido a la soberanía del parlamento, conforme al principio de-

---

[6] Michel TROPER, «Charles Einsemann contre le mythe de la séparation de pouvoirs», *Cahiers de Philosophie Politique du Centre de Philosophie Politique de l'Université de Reims*, 1985, p. 70.

[7] Cfr. Georges C. VLACHOS, *La politique de Montesquieu. Notion et méthode*, Paris, Montchrestien, 1974, p. 176.

mocrático de la soberanía popular[8]. Lo que, si bien significa ya una infidelidad grave al pensamiento de ROUSSEAU, al trasponer y trasplantar la voluntad popular por la parlamentaria[9], viene también y en mayor medida a tergiversar la versión de MONTESQUIEU, pese a acogerse a palabras suyas fuera de contexto, tales como las que sostienen que la potestad de juzgar «es en cierto modo nula» o las que afirman que «el juez es la boca que pronuncia las palabras de la ley»[10]. Cuando la primera afirmación no sobrepasa la aseveración de que la función de juzgar no es política y la segunda olvida que, para el BARÓN DE LA BRÈDE, las leyes no eran sólo estatales, sino que —en una concepción todavía parcialmente tradicional— había de tenerse en cuenta la ley natural, esto es, la ley de la razón natural, ley por tanto de la conservación de las sociedades y emanada de la naturaleza de las cosas. Esta potestad de juzgar, que no es un poder político, es la que debe ser independiente tanto del poder ejecutivo como del legislativo para que exista libertad. Los revolucionarios franceses, en cambio, como es sabido, miraban con recelo a los jueces y trataron de desactivar su supuesta oposición a las nuevas tendencias tanto privándoles de la capacidad de interpretar las leyes, como a través de la introducción de un sistema de elección popular de los mismos. Sin embargo, la posición puramente

---

[8] Cfr. Juan DE LA CRUZ FERRER, «La división de poderes en la Revolución francesa», *Anales de la Real Academia de Jurisprudencia y Legislación* (Madrid), n. 20 (1989), pp. 264 y ss.

[9] Cfr. Jean-Jacques ROUSSEAU, *Du contrat social*, libro III, capítulo XV y libro II, capítulo III.

[10] MONTESQUIEU, *L'esprit des lois*, libro XI, capítulo VI, 32 y 49, respectivamente.

aplicativa de las leyes, comportaba un mecanicismo incompatible con la libertad humana, de manera que pronto el *non liquet* reintrodujo la interpretación. Al tiempo que la tecnificación del derecho, por otro lado, iba a imposibilitar la elección popular[11]. Finalmente, cabía pensar que, en el seno de la doctrina de la división de poderes, entendida de un modo simplista y erróneo, como acabamos de repasar, al igual que el gobierno de los poderes legislativo y ejecutivo se residenció respectivamente en cada uno de ellos, se encomendaría al propio poder judicial su gobierno. No fue así, sin embargo, y con el pretexto de que al poder judicial sólo le correspondía juzgar, mientras que administrar (incluso, como sabemos, juzgar a la Administración) es propio del ejecutivo, se encomendó a éste, a través del Ministerio de Justicia, el gobierno de la Administración de justicia. Lo que hizo que el poder ejecutivo resultara primado en sus relaciones con los jueces en el proceso de decantación del Estado de derecho liberal[12]. Al tiempo que la irresistibilidad de la ley completaba, desde otro ángulo, el cuadro.

III. ¿DE LA ADMINISTRACIÓN DE JUSTICIA AL «PODER JUDICIAL»?

Las transformaciones del Estado constitucional, sobre todo tras la segunda guerra mundial, en lo que

---

[11] Juan VALLET DE GOYTISOLO, *Metodología de la determinación del derecho*, Madrid, CEURA, 1994, pp. 769 y ss.

[12] Cfr. Eduardo GARCÍA DE ENTERRÍA, *Revolución francesa y Administración contemporánea*, 2.ª ed., Madrid, Taurus, 1981, pp. 34 y ss.

se dio en llamar el constitucionalismo racionalizado[13], han afectado decisivamente a ese cuadro recién trazado. Se fue, así, abriendo camino la idea de
un verdadero poder judicial autogobernado. Si bien
está el antecedente francés de la Constitución de
1946, prolongado en la de 1958, es la Constitución
italiana de 1948 la que ha servido de modelo, seguido de cerca luego por la Constitución española de
1978 y, a partir de ella, extendido a buena parte del
constitucionalismo hispanoamericano. La creación
de los consejos de la magistratura (o del poder judicial) es una de las piezas esenciales de esos cambios. Aunque no deban echarse en el olvido —en
este ámbito institucional en el que estamos todavía
desenvolviéndonos— la difusión de los tribunales
constitucionales según el esquema kelseniano y las
transformaciones de las llamadas fuentes (en particular de la ley parlamentaria) del derecho.

Los consejos de la magistratura, de elección
política, en general por los parlamentos, conducen
inexorablemente a la politización de la justicia.
Pues, difundido el «Estado de partidos» (que en
Italia se denominó «partitocracia»), particularmente desastroso en su combinación con el parlamentarismo (y la representación proporcional con la que
éste con frecuencia coincide), se trata de dejar en

---

[13] Boris MIRKINE-GUETZEVITCH, en *Le régime parlementaire
dans les constitutions européennes d'après-guerre*, Paris, Giard,
1931, utilizó el término de parlamentarismo racionalizado para re-
ferir ciertas tendencias observables en las constituciones del período
de entreguerras, en particular relativas a las relaciones entre gobierno
y parlamento. En puridad dicha expresión es más estrecha que la de
constitucionalismo racionalizado, que se usa para describir al constitucionalismo posterior a la segunda guerra mundial.

manos de los partidos dominantes nada menos que los ascensos de los jueces, los nombramientos de magistrados del tribunal supremo y de los presidentes de tribunales colegiados. Así, una facción o varias concertadas (los partidos y las asociaciones de jueces que les sirven de correa de transmisión) dominan el poder legislativo, el ejecutivo y el judicial. Como la composición de los tribunales constitucionales viene determinada con frecuencia por estos poderes, también aquéllos entran en la misma lógica con lo que ulteriormente se refuerza el proceso. De resultas aparece una *lottizzazione* (reparto) que alimenta la *politicizzazione* (politización)[14].

Lo que está verdaderamente en juego, más allá de esos consejos de la magistratura politizados y constituidos en órgano de gobierno de un «poder judicial», es la existencia de un verdadero poder judicial, así como su necesidad para la salvaguarda de la independencia de los jueces. En efecto, desde un ángulo teórico, parece que la independencia judi-

---

[14] He estudiado detalladamente el caso español en el capítulo 5 de mi libro, crítico sobre la Constitución española actualmente vigente, *El ágora y la pirámide. Una visión problemática de la Constitución española*, Madrid, Criterio, 2000. Los sucesivos cambios legislativos, en el desarrollo de la Constitución, desde 1978, son bien significativos de los problemas que aquí me he limitado a evocar. Y que, como consecuencia de haber sido recurrido el primero de ellos al Tribunal Constitucional, permite incluso disponer de un pronunciamiento como la Sentencia 108/86, de 29 de julio, particularmente desafortunado, y donde se evidencian claramente las debilidades de la argumentación que sostienen las evoluciones contemporáneas sobre la magistratura y su gobierno. Las reformas ulteriores, en 2001 y 2013, no han servido para resolver el problema, habiéndolo agravado la primera al añadir al filtro partidista el asociativo judicial, y no habiendo resuelto ninguno de los problemas la segunda.

cial no debe predicarse del conjunto de órganos jurisdiccionales, mucho menos del cuerpo de jueces y magistrados entendidos como clase o grupo, sino de cada tribunal o cada juez en el ejercicio concreto de su función jurisdiccional. Por eso, la concepción de los jueces y magistrados como titulares en su conjunto y por medio de una jerarquía, de un poder político dentro del Estado, desvirtúa la noción de la separación de poderes y no sólo no favorece, sino que pone en peligro, la verdadera independencia de los jueces. Que debe garantizarse, ciertamente, respecto de las intromisiones o presiones del poder ejecutivo, pero sin olvidar los peligros que acechan a partir del ejercicio de la función legislativa y, más aún, los que residen en la actividad de los propios titulares de la función jurisdiccional, a causa de la jerarquización administrativa de que son objeto en los ordenamientos. En conclusión, existen dudas muy razonables respecto de que los tribunales queden exentos de todo influjo exterior cuando la magistratura se gobierna a sí misma[15]. Estas afirmaciones, formuladas en teoría, se han confirmado hasta en el menor de sus detalles en la experiencia jurídica contemporánea: los jueces tienen pero no integran un poder (en el sentido de potestad) y resulta indeseable, por constituir un factor de in-

---

[15] Cfr. «Comunicación conjunta de los profesores Fenech y Carreras y de los profesores adjuntos Peláez, Pérez Gordo y De la Oliva», en el vol. *El autogobierno de la magistratura*, Madrid, Seminario de las cátedras y del departamento de derecho procesal de la Universidad de Madrid, 1970, pp. 89 y ss. Este volumen recoge los «materiales de la VI reunión anual de profesores de derecho procesal de las universidades españolas», celebrada en Madrid en abril de 1970.

trínseca politización, cuando —como ocurre hoy en muchos países— el conjunto de los órganos judiciales se constituyen en un poder del Estado[16].

IV.   DE LA CRISIS DEL DERECHO A LA CRISIS DE LA LEY MODERNA

A una época sellada por el imperio majestuoso de la ley parece haber sucedido desde hace tiempo —y no es difícil remontarse a los años treinta del siglo pasado—[17] otra que se interroga y duda sobre la centralidad de esta categoría. En puridad, a la «crisis del derecho», que inauguró el predominio legalista de la impostación jurídica moderna, agnóstica y consecuentemente voluntarista, ha terminado por suceder la «crisis de la ley»[18], tanto más significativa en cuanto que ésta había quedado como el último residuo —es cierto que desnaturalizado y degradado, pero aún operante— de aquél. La presente crisis de la ley surge precisamente de haberse apurado las premisas filosóficas que alumbraron su

---

[16] Andrés DE LA OLIVA, «La demolición de la Administración de Justicia en la futura Constitución de 1978», *Revista de Derecho Procesal Iberoamericana* (Madrid), n. 2-3 (1978).

[17] Cfr. Eugenio VEGAS LATAPIÉ, *Romanticismo y democracia*, Santander, Aldus, 1938; Georges BURDEAU, «Essai sur l'évolution de la notion de loi en droit français», *Archives de Philosophie du Droit* (Paris), 1939, pp. 7 y ss.

[18] Alvaro D'ORS, «Los romanistas ante la crisis de la ley», en su volumen *Escritos varios sobre el derecho en crisis*, Madrid-Roma, CSIC, 1973, pp. 1 y ss. Puede verse del autor, *Una introducción al estudio del derecho*, Madrid, Rialp, 1963, con varias ediciones siempre corregidas y aumentadas, así como, del mismo autor, *Nueva introducción al estudio del derecho*, Madrid, Civitas, 1999.

versión moderna o, por decirlo de otro modo, asistimos en nuestros días, según el epocal signo posmoderno, a la disolución de la ley moderna en su versión «fuerte» y a su sustitución por sus derivados «débiles»[19]. Desde un ángulo teórico-conceptual, la ley parlamentaria se halla, por causa de los tribunales constitucionales, ante continuos constreñimientos para acomodarse a la Constitución, y, merced a la expansión del gobierno, en una defensiva permanente. Sin olvidar el vacío jurídico creado por la reciente ola de des-reglamentación de los años ochenta. Pero también, desde el ángulo práctico, han de tenerse presentes el «mal decir» y «mal hacer» de las leyes[20]. Esto es, la incorrección en la expresión y en la técnica a que responden y que redunda, a no dudarlo, no sólo en su correcto conocimiento, sino también en su adecuado cumplimiento.

Puede resultar útil comenzar por examinar el nivel teórico, recién apuntado, de la crisis de la ley parlamentaria. Primeramente, no pueden en absoluto obviarse las hondas transformaciones que supuso la adopción por los sistemas continentales legalistas del control de la constitucionalidad de las leyes, característicos, si bien con rasgos bien diferencia-

---

[19] Remito a mis libros *¿Después del Leviathan? Sobre el Estado y su signo*, Madrid, Speiro, 1996; *¿Ocaso o eclipse del Estado? Las transformaciones del derecho público en la era de la globalización*, Madrid, Marcial Pons, 2005; *El Estado en su laberinto. Las transformaciones de la política contemporánea*, Barcelona, Scire, 2011, y *¿El pueblo contra el Estado?*, Madrid, Marcial Pons, 2022.

[20] Véase mi *De l'esprit à la lettre. Genèse de l'hypertrophie judiciare*, Paris, Hora Decima, 2008, pp. 47 y ss., donde se presenta revisado y aumentado, además de traducido, *De la ley a la ley*, Madrid, Marcial Pons, 2001. Hay también una edición italiana posterior.

dos, de los sistemas anglosajones, y en particular del constitucionalismo estadounidense. Pues la concepción kelseniana, si bien partió de presupuestos típicamente continentales como el positivismo y el legalismo (esto es, lo que podríamos llamar negativamente «no judicialismo»), vino finalmente a alterar la fisonomía de las constituciones europeas, aproximándolas por una suerte de paradoja, en absoluto inexplicable, al modelo norteamericano[21]. En efecto, el positivismo jurídico se abrirá en ellas al derecho internacional, diluyendo la clausura paradigmática de aquél y trazando un puente entre el sistema normativo internacional y el interno, al tiempo que tenderán a configurarse como normas de aplicabilidad inmediata, determinando una constitucionalización de todo el ordenamiento jurídico, que borra las fronteras, antes infranqueables entre la norma suprema y el resto del sistema. Aunque la transformación decisiva brotará de la existencia misma de un órgano a quien se confía la operación de contrastar los productos legislativos con la piedra de toque de la Constitución, que, por más que sin naturaleza judicial ni estar siquiera incluidos en la organización judicial, emplean en cambio formas y procedimientos judiciales y conducen inexorablemente a la judicialización de la vida política. A continuación, no debe ponerse entre paréntesis la transformación del parlamentarismo, en su versión denominada «racionalizada», con la asunción del protagonismo político por parte del gobierno, paralelo al retraimiento del parlamento. Las hon-

---

[21] Eduardo García de Enterría, *La Constitución como norma y el Tribunal Constitucional*, Madrid, Civitas, 1981.

das transformaciones políticas, sociales, económicas, culturales y aun tecnológicas militaron de forma convergente en una alteración de los supuestos constitucionales sobre los que se asentaba el parlamentarismo originario. Así, el panorama actual aparece presidido por la preponderancia del gobierno —y no sólo contemplada cuantitativamente, sino también cualitativamente— en la iniciativa legislativa, las excepciones de creciente importancia al monopolio del parlamento en la producción de normas con rango de ley mediante la generalización de los decretos-leyes y los decretos legislativos, y aun más profundamente la propia alteración del juego de los poderes producto de factores tales como la industrialización, la sociedad de masas o los partidos políticos[22].

Pero también merece la pena internarse en el terreno práctico. En primer lugar, ha de destacarse la proliferación legislativa, de la que ha manado de modo necesario su inestabilidad. Georges DEHERME, en los años treinta, señalaba que en Francia se habían promulgado desde la Revolución más de 250.000 leyes[23]. Y el profesor Marcel DE LA BIGNE DE VILLENEUVE precisaba: «En dos años, la Constituyente había confeccionado 2.577 leyes. En un año, la Legislativa aprobó 1.712. El primer Imperio acusó un ligero retroceso, pues sólo llegó a 10.000 textos. Pero la Restauración promulgó

---

[22] Cfr., como síntesis, Antonio-Carlos PEREIRA MENAUT, *Lecciones de teoría constitucional*, Madrid, EDERSA, 1987, pp. 113 y ss.

[23] Georges DEHERME, *Démocratie et sociocratie*, Paris, Prométhée,1936, p. 224.

35.000; Luis Felipe, 37.000; la efímera segunda República, 12.400; el segundo Imperio, 45.000. Desde 1870 a 1914, la tercera República elaboró 100.000. Y la cuarta marcha por el mismo camino que su predecesora, con una media anual de 2.500»[24]. Proceso, podemos añadir, en absoluto detenido, antes bien, exasperado en los años más próximos a nosotros. Piénsese, en lo que respecta a España, no sólo en la legislación estatal, sino también en la regional y hasta en la comunitaria europea, como a efectos simplemente formales muestra el crecimiento elefantiásico del «Aranzadi», esto es, del repertorio de legislación más conocido en España. El alto grado de «movilización» o «motorización» a que con carácter permanente están sometidas las leyes determina igualmente la improvisación y el apresuramiento en su elaboración. Se ha olvidado que las normas producen siempre efectos reflejos y reacciones sociales que deben preverse antes de su promulgación. Más que su contenido interesa la reacción que pueden provocar en el cuerpo social. Así, las protecciones excesivas, fruto muchas veces de aplicar principios de justicia distributiva a situaciones de justicia conmutativa o general, se suelen volver en perjuicios para los futuros componentes del sector protegido: la protección de los inquilinos de ayer —se ejemplificaba en la España de los años sesenta— hace desaparecer el inquilinato hoy, y requiere que se promuevan grandes beneficios inmediatos para que se construya, aunque sea para vender por pisos. La presión fiscal y laboral, por

---

[24] Marcel DE LA BIGNE DE VILLENEUVE, *L'activité étatique*, Paris, Sirey, 1954, p. 319.

otro lado, pasada cierta medida, hace huir el ahorro de las inversiones socialmente beneficiosas (industria, agricultura, construcción, etc.) y lo empuja hacia la especulación, más difícil de controlar, lo que a la larga ocasiona malos resultados económicos y, desde luego, produce efectos desmoralizadores; o bien, paso a paso, esa presión y el esfuerzo por mantenerla deslizará hacia el totalitarismo, la irresponsabilidad tecnocrática y la pérdida de todo estímulo personal[25].

Ahora bien, una inestabilidad como la que se observa no es sino el síntoma de la inmoralidad de la ley. En efecto, si la ley se reduce a no ser más que una regla técnica, si abandona la búsqueda de lo que constituye el bien de la comunidad política, se convierte en inmoral. Inmoralidad que no radica tanto en la falta de respeto a una ley natural de la que debería deducirse, como en perder la mira de lo que constituye el bien común de la comunidad a la que pretende imponerse. Pues entonces impera solamente en virtud de la voluntad de legislador, detrás de la que no es difícil percibir los intereses particulares, convirtiéndose el poder en algo más y más pesado, que justifica la revuelta. Se llega así al cuadro paradójico de una ley progresivamente invasora e impotente al tiempo. Parece albergar la pretensión de cubrir la totalidad de las relaciones entre los ciudadanos, sustituyendo las regulaciones de los particulares e imponiendo a los jueces sus soluciones. Al tiempo, sin embargo, es cada vez menos obedecida y su prestigio se disuelve en la

---

[25] Juan Vallet de Goytisolo, *En torno al derecho natural*, Madrid, Organización Sala Editorial, 1973, p. 166.

inestabilidad, la injusticia y, en fin, la revuelta[26]. A la larga los jueces vuelven a aparecer en ese cuadro desolado.

V. LA FUNCIÓN JUDICIAL

No estará de más, pues, dejar alguna nota respecto de la naturaleza de la función judicial, para observar las transformaciones producidas en este ámbito durante los últimos tiempos.

En el proceso romano las funciones de autoridad y potestad permanecían separadas: el juez, ciudadano sin función pública oficial, tenía la autoridad; el pretor, que carecía de saber judicial, ostentaba la potestad superior del *imperium*. Sin embargo, en el procedimiento extraordinario, ambas funciones se fundieron en la misma persona del juez-magistrado. También en el Estado moderno, debido a la confusión entre *auctoritas* y *potestas*, el juez ha seguido acumulando estas funciones. Pero la función esencial del juez es y será decidir una controversia conforme a derecho, y esto es, evidentemente, propio de su saber, de su autoridad, aunque tenga actualmente atribuida —como funcionario del Estado que administra justicia— la dirección del proceso y su ejecución, para los que son imprescindibles ciertos expedientes de potestad[27]. Jurisdicción proviene, en efecto, de *iuris dictio (ius dicere)* y se contrapo-

---

²⁶ Michel Bastit, *Naissance de la loi moderne*, Paris, PUF, 1990, pp. 12 y ss.

²⁷ Álvaro d'Ors, *Prelección jubilar*, Santiago de Compostela, Universidad de Santiago de Compostela, 1985, p. 22.

ne a *iudicatio (ius dicare)*. Aunque resulte cómodo traducir *dicere* por declarar, no es propiamente algo referido a la exteriorización de algo interno y oculto que es la voluntad, sino un señalar, esto es, la determinación de un objeto, de un acto, pues, no de exteriorización sino de objetivación. De ahí que *dicere*, en derecho, tiene un sentido amplio que comprende el conjunto de declaraciones públicas que da el magistrado con *imperium* para la buena marcha del litigio y que tiene efectos genéricos. En cambio, *dicare* expresaba una declaración privada con efectos personales, y es la sentencia del juez privado que declara el derecho de alguien contra otro. La jurisdicción es, pues, producto de la *potestas,* como la judicación o el juicio lo son de la *auctoritas*. Por tanto, quienes afirman que la autoridad es el fundamento de la jurisdicción, se están refiriendo en verdad a la *iudicatio*, descuidando la esencia de la *iurisdictio;* mientras que, por el contrario, quienes la encuentran en la potestad están poniendo en penumbra la judicación, con evidente error[28].

Muchas conclusiones, de las que algunas ya han despuntado en las páginas anteriores, podríamos extraer del desarrollo anterior: el carácter contradictorio de la expresión «poder judicial», que debería ser sustituida por la de «potestad jurisdiccional»; la desaparición de la polémica distinción entre jurisdicción y administración; la reinterpretación de la «división de poderes»; la mejor comprensión de la función del juez moderno, etc. También la natura-

---

[28] Cfr. Rafael Domingo, *Teoría de la «auctoritas»*, Pamplona, EUNSA, 1987, pp. 143 y ss. Libro que expone y sintetiza el pensamiento de Álvaro d'Ors, del que posteriormente se ha ido alejando.

leza de la jurisprudencia: de ahí que el Tribunal Supremo, como órgano más elevado en el ejercicio de la función judicial, deba serlo también en orden a la expresión o determinación del derecho como convicción de juridicidad, como juicio racional, en el que el ámbito de la razón tiene un rango más excelso que el mero producto de la voluntad, aunque ésta sea soberana. Por eso, cuanto más convenzan sus razonamientos jurídicos, mayor resultará su prestigio, que ha de basarse en una superioridad racional, en una *auctoritas,* más que en el poder decisorio resultante de su situación orgánica, esto es, de su *potestas*[29].

En cuanto al objeto de la función judicial debería distinguirse entre aplicación, elaboración, adjudicación, creación o determinación del derecho. Términos que esconden conceptos ni unívocos ni siquiera análogos. Así, cuando se dice «aplicación», se identifica en general derecho con ley, concibiéndose aquélla como una operación mecánica, silogística, al estilo del iluminismo o de la escuela de la exégesis. En la «elaboración» la perspectiva se amplía y se entiende por derecho el conjunto de normas de derecho, comprendiendo leyes, costumbres, principios, etc. SAVIGNY distinguía la que afectaba a las costumbres, que se efectúa por el pueblo, de la propia de las leyes, que debía ser asumida por juristas doctos en traducir jurídicamente el espíritu del pueblo. «Adjudicación», de la que ha hablado

---

[29] Cfr. Juan VALLET DE GOYTISOLO, «Glosas al párrafo 3.º del artículo 10 del Código civil en relación con la jurisprudencia del Tribunal Supremo», *Anuario de Derecho Civil* (Madrid), n. XII-II (1959), pp. 575 y ss.

—por ejemplo— DWORKIN, se refiere preferentemente a la acepción de derecho subjetivo, aunque comprenda la aplicación al caso de alguno de los principios desarrollados de modo constructivista por autores como RAWLS. «Creación» se entiende ya como el acto que el juez realiza al dictar sentencia —al modo de la «escuela de derecho libre», que podríamos centrar en KANTOROWICZ—, ya como —según han sostenido autores tan distantes como KELSEN o EHRLICH— la norma individualizada de decisión por el juez para su aplicación, por él mismo, al caso controvertido. Finalmente, «determinación», bien sea directa desde los principios generales de justicia o la naturaleza de las cosas, bien proceda indirectamente con la mediación de alguna norma jurídica anteriormente configurada o determinada, coincide con la tradición jurídica romanomedieval del derecho concebido como *quod iustum est,* que no se confunde con la ley y respecto del que las demás acepciones son analogadas[30].

En esa línea los Códigos resultan para muchos juristas un obstáculo en la búsqueda de la justicia del caso —al modo explicado por ARISTÓTELES—, cotejando el hecho de éste con el supuesto de hecho tipo de la norma, penetrando en su *ratio*, observando en plenitud la naturaleza de las cosas y contrastando criterios con la experiencia histórica y la reciente de la jurisprudencia del Tribunal Supremo. Labor que es interrumpida y perturbada inevitablemente en todo cambio legislativo si éste no la recoge y consolida, y cuya importancia

---

[30] Juan VALLET DE GOYTISOLO, *Metodología de la determinación del derecho*, cit., pp. 3 y ss.

excede con mucho de todas las construcciones dogmáticas y hermenéuticas sobre el originalismo o el activismo judiciales. Con referencia a la casación civil en España se ha escrito: «Cierto es que la Sala 1.ª del Tribunal Supremo [...] sufre la dificultad de que, en el recurso de casación, sólo tiene posibilidad de satisfacer la justicia del caso condicionada a que vaya conjugada con alguna infracción legal que permita, en su caso, casar el fallo estimado injusto y abrir paso para poder dictar sentencia justa. Pero este trámite ha dado lugar, a veces, a que, con este fin, se fuerce la doctrina legal; y luego, en otras ocasiones sucesivas, para evitar contradecirse con lo ya forzado, se ha perdido en una *techné*, no siempre fácil de entender [...]. Sus aporías resultan, en primer término, de que se dé a la sentencia la amplitud de la norma de derecho más general, que el juzgador se cree obligado a aplicar, y así se da a la propia sentencia una generalidad impropia del fallo que resuelve un caso concreto. Como había notado FONTANELLA, las sentencias *ultra non extendatur quam importat verborum sonus;* pues, *minima mutatio facti mutat totum ius*. De aquel modo, se procede a deformar la norma que ha de darse por infringida para poder corregir un fallo que resulta injusto; en lugar de señalar su inaplicabilidad porque su hecho tipo no coincide con el del caso juzgado»[31].

Desde la teoría de los saberes jurídicos y su pertinente jerarquización, se ha denunciado también la reducción de la jurisprudencia a doctrina legal y

---

[31] Juan VALLET DE GOYTISOLO, «La seguridad de la norma jurídica», *Estudios de Deusto* (Bilbao), vol. 34 (1986), pp. 453-455.

la devaluación final de ésta y aquélla. En efecto, si la cuestión del saber judicial se plantea como tema político revestido de saberes técnicos del derecho en los países anglosajones, «muy otra es la apreciación obtenida en el continente, donde el saber técnico ha sido sobrevalorado hasta asumir el calificativo por excelencia de saber jurisprudencial, siendo así que el auténtico saber jurisprudencial es el saber más elevado del derecho, el saber filosófico por excelencia, si nos atenemos a las fuentes romanas, madres depuradoras de toda terminología» [32]. De ahí que resulte especialmente repudiable la reducción de la jurisprudencia —ciencia de lo justo y de lo injusto a través de la noticia de todas las cosas divinas y humanas, en la famosa definición de ULPIANO— a una serie de sentencias dictadas por los tribunales de justicia, que no sólo resultan ajenas al saber filosófico sino que aun suplantan el científico, en una apoteosis del simplemente técnico, «bárbara inversión de los saberes jurídicos», en cuanto unos simples técnicos se han venido a arrogar el discernimiento de lo que es ciencia de lo que no lo es, dotándose a sí mismos del poder supremo de calificar desde la técnica los valores y los saberes de la ciencia jurídica; y ni tan siquiera con referencia a algún caso concreto, cual acontece en los países anglosajones, sino sentando doctrina a través de dos o más sentencias concordantes [33].

---

[32] Francisco ELÍAS DE TEJADA, *Tratado de filosofía del derecho*, Sevilla, Universidad de Sevilla, 1977, tomo II, p. 111.

[33] *Ibid.* Puede verse referido con detalle su pensamiento en Miguel AYUSO, *La filosofía jurídica y política de Francisco Elías de Tejada*, Madrid, Fundación Elías de Tejada, 1994, pp. 147 y ss.

Pero no deja de observarse que esta cuestión de la jerarquía de los saberes aparece estrechamente vinculada a la de los equilibrios entre los poderes o de los contrapesos entre sus funciones. Pues a la potestad jurisdiccional le corresponde la determinación de la justicia particular, en sus especies conmutativa y distributiva, pero en ningún caso la legal o general. Más aún, sólo al gobernante toca tener a su cargo el cuidado de la comunidad, mirar al bien común; los jueces no han de considerar el bien común —menos la «razón de Estado»— en sus sentencias, salvo cuando esté mandado expresamente en las leyes. Por eso, «otorgar a los jueces la facultad de guardar el bien común alteraría la tabla de valores jurídicos de una sociedad organizada en términos de justicia y derecho [...], sería fundar un Estado de jueces en lugar de un Estado de derecho [...], cual si en el campo religioso fuera sustituida la religión por el clericalismo» [34].

Así es, ya que —para propugnar la justicia general— los parlamentarios aprueban las leyes que estiman conformadas a ella, elaboradas previamente por comisiones de expertos en el arte de legislar; mientras que, para propugnar la justicia particular, en cada caso concreto, todos los pueblos tienen una organización judicial, que debe estar integrada por hombres prudentes, expertos y conocedores del derecho. La pauta de la justicia general, según la enseñanza clásica, no es otra que el bien común, de manera que cuando se pierde en la tarea de legislar,

---

[34] Francisco ELÍAS DE TEJADA, *Tratado de filosofía del derecho*, cit., tomo II, p. 129.

se incide en una desnaturalización de la ley. En efecto, en el Estado contemporáneo el poder legislativo ha venido siendo instrumentalizado por el ejecutivo, pasando a convertirse en el ejecutor de la política de éste. Así, ha olvidado su función de elaborar leyes en las que trata de plasmar lo que es justo según la justicia general y su pauta del bien común, para pasar a convertirse en un poder que elabora leyes que realizan la política del gobierno, donde la finalidad no es propiamente ya la justicia sino la eficacia, valor éste que se transmite del ejecutivo al legislativo, con la consiguiente confusión de los principios rectores de cada uno. Por eso, las leyes dejan de ser normas con vocación de durabilidad y permanencia, para sujetarse a los avatares de un gobierno que se olvida de gobernar si no es a base de «legislar»[35]. De donde se deriva la debilidad de una teoría de las fuentes construida impecablemente desde la teoría democrática, pero en la que perece la racionalidad de la ley. Y de ahí también que se adquiera la impresión de que, pese a tal sistema, la diferencia entre la ley y los actos administrativos no es otra que la que reside en los distintos procedimientos formales de elaboración.

VI.   ¿JUSTICIA CONSTITUCIONAL?

La jurisdicción constitucional va referida a la interpretación y aplicación de la Constitución, que

---

[35] Federico J. CANTERO, «La seguridad jurídica», *Verbo* (Madrid), n. 325-326 (1994), pp. 561 y ss. Puede verse extensamente desarrollado el tema en Juan VALLET DE GOYTISOLO, *Metodología de las leyes*, Madrid, EDERSA, 1991, *passim*.

a su vez remite a la existencia de un Estado que es el que con la misma «se constituye» por medio del ejercicio del poder constituyente (puro o constituido). Hay, pues, cinco elementos estrechamente entrelazados: el Tribunal Constitucional, la hermenéutica constitucional, la Constitución, el poder constituyente y el Estado que se constituye[36].

Es sabido, en primer lugar, que la jurisdicción constitucional, en el modelo más extendido, se ha encarnado desde el punto de vista organizatorio en un órgano especializado que se denomina Corte o Tribunal Constitucional. Que no excluye una cierta intervención de los órganos que administran justicia, si bien se reserva el monopolio de la declaración de la inconstitucionalidad de las leyes. Frente al modelo originario de los Estados Unidos de América, donde funcionalmente queda residenciada en los tribunales ordinarios[37].

Un segundo conjunto de problemas toca precisamente a la interpretación y aplicación de la Constitución, en particular por el Tribunal Constitucional. Respecto de lo que es también común distinguir dos modelos aparentemente opuestos, aunque finalmente no tan distantes: el de Hans

---

[36] Sigo, a continuación, mi «¿Un Tribunal Constitucional Internacional? Una visión problemática», *Notandum* (Oporto), n. 41 (2016), pp. 53 y ss.

[37] Es clásica la explicación de la formación del modelo estadounidense por Charles H. McIlwain, *Constitutionalism. Ancient and modern*, ed. revisada, Ithaca, Cornell University Press, 1947. En lo que respecta al modelo europeo puede verse Peter Häberle, *Verfassungsgerichtsbarkeit*, Darmstadt, Wissenschaftliche Buchgesellschaft, 1976. Una visión panorámica clásica, finalmente, en Louis Favoreu, *Les cours constitutionelles*, Paris, PUF, 1986.

KELSEN y el de Carl SCHMITT. Si estamos con KELSEN, nos desenvolvemos en el seno de la «geometría legal»[38]. Donde los principios operan como axiomas a partir de los cuales se deduce. En efecto, las Constituciones, que comienzan habitualmente por un preámbulo, encierran en un primer lugar los llamados principios fundamentales, a partir de los que debe leerse el resto del articulado. Los principios fundamentales representan, pues, los postulados de los que debe traer causa la interpretación de la Constitución. Se trata, además, de un proceso deductivo vinculante, en el que a lo sumo caben tipos abiertos, pero no interpretaciones abiertas. El positivismo kelseniano se resuelve, así, en un legalismo constitucional que no ha dejado de poner problemas tanto al legislador como a los tribunales constitucionales. Si, por el contrario, nos situamos tras SCHMITT, el preámbulo y los principios fundamentales pasan a ser de contenido variable y asumen un significado diferente según el momento histórico. Y aunque la Constitución permanezca idéntica en su letra, es objeto de mutaciones sustanciales respecto del contenido de los derechos, convirtiéndose entonces la interpretación en constitutiva de los principios. Pero no se trata de modelos inmóviles. Para empezar, el kelseniano ha conocido una evolución hacia los tipos abiertos, mientras que el schmittiano ha debido enfrentarse con la evidencia de las interpretaciones que chocan

---

[38] De esta expresión, de impronta viquiana, si no me equivoco, hizo uno de los ejes de su obra el profesor Francesco GENTILE, del que puede verse en especial *Ordinamento giuridico fra virtualità e realtà,* 3.ª ed., Padova, CEDAM, 2005.

con las precedentes. Surge de ahí la pregunta central: ¿son las sentencias de los tribunales constitucionales meros actos interpretativos de la Constitución que deben permanecer fieles a su tenor en el momento de la aprobación o son actos que innovan la Constitución a través de su interpretación?[39]. Cuando los tribunales constitucionales trascienden la interpretación para ingresar en la novación de la Constitución, exceden por ello del simple poder jurídico, aun en los términos más abiertos que quiera pensarse, para integrar un poder político ejercitado por medio de la hermenéutica[40].

Resulta claro, en tercer lugar, que lo implicado en lo anterior es la propia noción de Constitución. Que no se suele indagar teoréticamente sino a lo sumo teóricamente, esto es, sociológicamente[41]. También aquí es dado hallar una notable diferencia entre el sistema anglosajón y el continental[42]. La Constitución (incluso la escrita según el modelo

---

[39] En sede estadounidense, como es sabido, el tema ha conocido éxito tan notable como polémico bajo la rúbrica del «originalismo» (aplicable a Antonin SCALIA y Robert BORK) y sus contradictores (DWORKIN, entre muchos). Cfr., para una crítica aguda, Christopher FERRARA, «El positivismo judicial como reacción conservadora en el derecho constitucional estadounidense: una propuesta final al problema», en Miguel AYUSO (ed.), *Utrumque ius. Derecho, derecho natural y derecho canónico*, Madrid, Marcial Pons, 2014, pp. 187 y ss.

[40] Danilo CASTELLANO, *Costituzione e costituzionalismo*, Napoli, Edizioni Scientifiche Italiane, 2013, cap. IV. Hay edición castellana.

[41] Danilo CASTELLANO, *La naturaleza de la política*, Barcelona, Scire, 2006, pp. 11-18.

[42] Antonio-Carlos PEREIRA MENAUT, *Rule of law o Estado de derecho*, Madrid, Marcial Pons, 2003. Acierta en señalar las diferencias, aunque no tanto en no subrayar la entraña común.

europeo continental) «puede resultar útil como conjunto de leyes constitucionales, esto es, como conjunto de normas de grado superior a las ordinarias, a fin de tutelar el orden natural de la comunidad política (orden que es "dado", no "creado") sobre todo en las circunstancias sociales y en los momentos históricos en que hay mayor necesidad de controlar apetitos y pasiones de los ciudadanos o de las partes de la comunidad política. Debe rechazarse, así, la Constitución como condición del ordenamiento jurídico y, sobre todo, del derecho, aunque se postule a veces de manera distinta a la teoría de la soberanía. La política auténtica, en efecto, es realeza, no poder soberano» [43].

Tal consideración, a continuación, implica necesariamente una revisión de la doctrina del poder constituyente. Cuyo problema reside, sustancialmente, en el absurdo de considerar como «jurídico» un poder que presenta una absoluta libertad en cuanto al fin y que, consiguientemente, se ejerce en ausencia de normas que lo puedan regular tanto sustantiva como procedimentalmente; un poder, además, que actúa antes de que se establezcan las normas constitucionales, en las que reside —según la ortodoxia del positivismo jurídico— la primera y suprema fuente del derecho, que representan el nacimiento del derecho «objetivo». Problema que no se resuelve afirmando el nacimiento coetáneo de Estado y derecho. La cuestión, desde luego, presenta notables dificultades. Una primera es la de que no hay poder si no tiene la capacidad de imponerse

---

[43] Danilo CASTELLANO, *Costituzione e costituzionalismo*, cit., p. 82.

(pues de lo contrario no sería poder), por lo que un «poder constituyente», desde este punto de vista, es ya un poder constituido. El poder constituido, a continuación, de por sí, no es un poder jurídico o político, lo que hasta el positivismo jurídico admite implícitamente cuando se ve obligado a distinguir entre distintos tipos de poderes. En tercer lugar, no se acierta a saber cómo el poder constituyente pueda vincular a quienes no participan en el proceso de su constitución (menores, no nacidos, etcétera).

Finalmente, el recurso al pueblo o la nación no sólo no resuelve el problema, sino que crea otros y no pequeños[44]. Por donde aparece claramente el quinto bloque de problemas al inicio anunciado: la aporía de si el Estado precede a la Constitución o es producto de la misma[45].

VII. CONCLUSIÓN

Una vez más, lo que refleja la situación presente es no tanto ruptura con la anterior como conmixtión de tendencias obrantes en distintas direcciones en un cuadro de disolución. Si la crisis de la ley parlamentaria lleva a un mayor ascendiente del gobierno, la recepción de los tribunales constitucionales junto con la afirmación de un poder judicial

---

[44] Miguel Ayuso (ed.), *El problema del poder constituyente. Constitución, soberanía y representación en la época de las transiciones,* Madrid, Marcial Pons, 2012, p. 153.

[45] Miguel Ayuso, «¿Qué Constitución para que Europa?», *Revista de Derecho Público* (Santiago de Chile), n. 67 (2005), pp. 11-22, o en el volumen *El Estado en su laberinto,* cit., pp. 31-58.

(político) contribuyen no sólo a limitar el peso de la ley sino a poner en dificultades a los gobiernos, por más que tribunales constitucionales y consejos de la magistratura dependan en buena medida de los partidos y sus intereses. Los jueces, convertidos en agentes políticos, son aupados por los medios de comunicación. Los tribunales internacionales contribuyen, a su vez, a multiplicar las instancias de conflicto y confusión. El activismo judicial, sin embargo, actúa siempre en un mismo sentido: el de acelerador de la evolución de la modernidad hacia su fin. Recuérdese el peso de las decisiones judiciales en el asunto de la legalización del aborto. Hasta el punto de que a veces se ha producido no por vía legislativa sino judicial. Piénsese también en otros temas de alta densidad moral, como la llamada eutanasia, y el papel que han desempeñado los tribunales en abrirle el camino. Los jueces sustituyen, así, a los «representantes», en una demostración más de las transformaciones de la democracia: más que la elección popular lo que cuenta es la sintonía con la ideologización democrática nihilista, revestida también de una cierta técnica. La cuadratura del círculo: democracia y tecnocracia abrazadas mientras la representación (auténtica) y la justicia son cuidadosamente orilladas.

CAPÍTULO IV

LAS TRIBULACIONES DEL DERECHO PÚBLICO ECLESIÁSTICO

I. INTRODUCCIÓN

No es la primera vez que trato del asunto[1]. Ni, Dios mediante, será la última. Pues es cuestión trascendente para la comunidad política tanto como para la Iglesia. Más aún, es cuestión capital en la situación presente de ambas.

Que hay dos poderes, o mejor, *potestades*, entrañados en la naturaleza de las cosas, es algo que de consuno alcanzan la filosofía y la historia. La primera, penetrándolo teoréticamente; la segunda, exhibiendo su permanencia a lo largo del curso de los siglos. Ambas potestades, que deben revestirse de *autoridad*, aunque autónomas, no son contra-

---

[1] Miguel Ayuso, «La ambivalencia de la laicidad y la permanencia del laicismo: la necesidad de reconstituir el derecho público cristiano», *Verbo* (Madrid), n. 445-446 (2006), pp. 421-429; *La constitución cristiana de los Estados*, Barcelona, Scire, 2008.

puestas, y por ello deben colaborar actuando cada una en la esfera de su competencia[2]. Esa es la visión «clásica» del problema, pese a que no siempre se lograra la colaboración y los conflictos fueran frecuentes. La modernidad, sin embargo, rompió una vez más con clasicidad[3], también en este punto, dando lugar al surgimiento de lo que se llamó laicidad o laicismo.

II.   UN BREVE EXCURSO TERMINOLÓGICO

1.   Laico y seglar

La palabra y el concepto «laicidad», o también los próximos de «laicismo», en ese cuadro, puede alcanzar significados distintos. No se trata de realizar aquí un repaso filológico, ajeno a nuestra intención en este papel[4], aunque no puedan dejar de

---

[2] Pueden verse las actas de la LVII Reunión de Amigos de la Ciudad Católica, sobre «Los dos poderes. A los ciento cincuenta años de la Porta Pía», publicados en los números 587-588 y 589-590 (2020) de *Verbo*, y en particular —a este propósito— las colaboraciones de Bernard DUMONT, Juan Fernando SEGOVIA, Luis María DE RUSCHI y Danilo CASTELLANO. Los textos se han publicado también como un volumen: *Los dos poderes. Una lectura histórico-teorética*, Madrid, Dykinson, 2021.

[3] Aquí también podemos referirnos a las actas de otra Reunión de Amigos de la Ciudad Católica, la anterior, LVI, que trató de «Antimodernidad y clasicidad», cuyas actas se publicaron en *Verbo* (Madrid), n. 579-580 (2019), y en volumen aparte, con el mismo título (Madrid, Itinerarios, 2019).

[4] Cfr. Henri BESSE, «Un regard historique (1870-1914) sur les mots et les choses de la laïcité en Europe de l'Ouest», *Langue(s) & Parole: Revista de Filología Francesa y Románica* (Bellaterra), n. 1 (2015), pp. 59-106. También ofrece informaciones de interés, aunque

hacerse algunas observaciones al hilo precisamente de ésta.

Para empezar, las palabras laicidad y laicismo vienen del griego *laos*, que significa «pueblo», de donde procede *laikos*, que significa «del pueblo», por oposición a *klêricos*, en latín *clericus* y en castellano «clérigo». En inglés, los términos *secularism* y *secularity* traducen los recién mentados, que resultan dominantes en francés o italiano. Secularismo y secularidad vienen del latín *sæculum*, que significa «siglo», a estos efectos «mundo», de donde viene también «seglar», opuesto a «religioso» en ocasiones, pero en otras también a «clérigo».

En efecto, cabe apreciar, de un lado, una bipartición entre clérigo y laico, y de otra una tripartición entre clérigos seculares, religiosos y laicos. Mientras la palabra «fiel» refleja un concepto universal y abraza a todos los bautizados, a todos los cristianos. En el primero de los sentidos, el laico es quien no ha recibido el sacramento del orden, mientras que en el segundo es el fiel cristiano que no es ni clérigo ni religioso, que se dedica a los *negotia sæcularia*[5]. Quizá por eso, a ese «laico», se le llamó «seglar», lo que fue frecuente en el lenguaje de la Iglesia durante cierto tiempo y, desde luego, en castellano, pero no

---

en el trabajo suman prejuicios conceptuales, Diego VALADÉS, «Laicidad y laicismo. Notas sobre una cuestión semántica», en AA.VV., *Cuatro visiones sobre la laicidad*, Ciudad de Méjico, UNAM, 2018, pp. 13-46.

[5] La historia de la construcción es compleja e interesante, pero —como hemos dicho— excede de nuestro objeto. Véase Javier HERVADA, *Tres estudios sobre el uso del término laico*, Pamplona, EUNSA, 1973.

sólo, hasta una nueva irrupción del término «laico»[6]. Sean o no estrictamente sinónimos los términos «laico» y «seglar»[7], lo cierto es que son relativos, contrapuestos a «clérigo», de suerte que, si no hubiera «clérigos» en la sociedad eclesiástica, tampoco habría que hablar de «laicos» o «seglares»[8].

---

[6] Aunque en la versión latina del Código de Derecho Canónico de 1917 la tercera parte de libro segundo ya se rubrica «De laicis». En alguna de sus versiones castellanas se observa sin embargo alguna vacilación, pues en el índice se titula «De los seglares» y al llegar al texto se encuentra en cambio «De los laicos» (*Código de Derecho Canónico*, ed. de Lorenzo Miguélez, Sabino Alonso Morán, O. P., y Marcelino Cabreros de Anta, C. M. F., 2.ª ed., Madrid, BAC, 1978, pp. XI y 187 y ss.).

[7] Álvaro d'Ors, «El pre-Concilio», *Verbo* (Madrid), n. 259-260 (1987), p. 1045. Respecto de los documentos del II Concilio del Vaticano, José María Díez Moreno, S. J., «Los laicos en el nuevo Código de Derecho Canónico. Temática actual», *Revista Española de Derecho Canónico* (Salamanca), n. 46 (1989), p. 9, escribe: «El término latino que se usa en ambos documentos conciliares es *"laicus/i"*. Sin embargo, las dos traducciones castellanas más difundidas y autorizadas, al referirse al capítulo IV de la *Lumen Gentium*, traducen el término latino por el castellano "laicos", mientras que en el Decreto *Apostolicam actuositatem*, el término castellano empleado es "seglar"». Cfr. Concilio Vaticano II, *Constituciones. Decretos. Declaraciones. Legislación posconciliar*, 7.ª ed., Madrid, BAC, 1970, pp. 94 y 581; Vaticano II, *Documentos conciliares completos*, Madrid, Razón y Fe, 1967, pp. 237 y 639. En la edición de la BAC, en el índice de materias aparecen los dos términos (laico/seglar). En la edición de Razón y Fe el término seglar remite al de laico. En el Diccionario de la Real Academia se define al laico como quien «no tiene órdenes clericales, lego», y el seglar queda definido como «perteneciente a la vida, estado o costumbre del siglo o mundo. Que no tiene órdenes clericales». En este sentido no acabamos de entender la afirmación del profesor Hervada cuando califica la traducción del término laico por seglar de «desafortunada e incorrecta» (cfr. Universidad de Navarra, *Código de Derecho Canónico*, edición anotada, Pamplona, EUNSA, 1984, 172).

[8] Álvaro d'Ors, «Los laicos en el nuevo Código de Derecho Canónico», *Verbo* (Madrid), n. 257-258 (1987), p. 805: «En otras

En este panorama, más bien abigarrado, no se pueden hurtar otros elementos que a lo largo de la historia no han dejado de producir algunas dificultades. Así, si desde los primeros siglos del cristianismo hasta la Edad Media, con el nombre de laico se designó a los fieles cristianos inmersos en las realidades profanas, a partir de ésta se presencia un desdoblamiento de la palabra. Se pierde paulatinamente, de un lado, «el sentido de participación activa del laicado en el ámbito propio de la Iglesia, tan vivo en los primeros siglos, hasta el punto de que la misión de la Iglesia llega a identificarse de modo casi exclusivo con el ministerio de los clérigos». En este contexto ideológico, la palabra laico empezará a designar «a un miembro meramente pasivo de la Iglesia —no ordenado ni religioso—, sin ningún elemento positivo que especifique su condición». A la vez, la palabra laico se aplicará a los señores seculares, que pretenden arrogarse prerrogativas en el gobierno de la Iglesia durante la época de lucha entre el Imperio y el Pontificado: «Claramente se ve que la palabra laico ha asumido un significado bivalente: de una parte, se referirá a la posición de un fiel dentro de la Iglesia sin ninguna referencia a lo temporal; de otra, se aplicará a una forma de inserción en lo temporal, pero sin hacer relación a la condición eclesial del fiel. En su evolución sucesiva, la palabra laico conservó prevalentemente la segunda acepción, es decir,

---

palabras: que en la Iglesia no se entra como "laico" para luego, eventualmente, convertirse en "clérigo", del mismo modo que tampoco uno nace "soltero", para luego, eventualmente, convertirse en "casado". Tanto "laico" como "soltero" son conceptos negativos, que no designan un estado originario, sino ulteriormente diferencial».

la relación con la realidad profana, sin referencia al aspecto eclesial». La aludida ambivalencia del término laico ha dado lugär con posterioridad a no pocas confusiones, «pues se empleará a veces en su sentido aparentemente originario (laico = miembro del Pueblo de Dios), llegándose a decir que todos los fieles, incluso el Papa, son laicos; en otras ocasiones, y volviendo a su acepción medieval y negativa, se entenderá por laico a todo fiel no ordenado, tanto si está inmerso en las realidades temporales como si se ha apartado de ellas por la profesión religiosa; finalmente, y éste es su sentido originario en la Iglesia, por laico se entenderá al fiel bautizado a quien compete la santificación directa de lo profano, distinto, por tanto, del clérigo y del religioso»[9].

Pero si el término «laico» sufrió sus vaivenes en el lenguaje eclesiástico, se desarrolló en otro ámbito. Parece que el uso francés, con la difusión de la *laicité*, habría sido decisivo[10]. Aunque en inglés se haya preferido, para traducir ésta, partir de la otra palabra, dando así —como hemos dicho— *secularism*.

---

[9] Álvaro DEL PORTILLO, «Laicos. Teología», *Gran Enciclopedia Rialp*, tomo 13, Madrid, 1984, pp. 848-849. Es claro que el autor arrima el ascua a una sardina determinada, pero no deja de tener interés el panorama que traza.

[10] Esa legislación, que siguió a la Revolución, procede de un espíritu, que ha sido historiado, en un libro clásico, por Georges DE LAGARDE, *La naissance de l'esprit laïque au declin du Moyen Age*, Paris-Louvain, Nauwaelarts, 5 vols., 1956-1970.

2. Laicismo y laicidad

Tampoco aquí el uso del lenguaje se presenta bajo la nota de la univocidad. En ocasión anterior ya lo notamos. Y mantiene intacto su valor, por lo que repetimos la idea. Laicismo y laicidad. Dos términos emparentados. Con significados, por lo mismo, entrelazados. El primero, lo denota el sufijo «ismo», ligado a una ideología. Una ideología, la liberal, basada en la marginación de la Iglesia de las realidades humanas y sociales. En efecto, el naturalismo racionalista puesto por obra en la Revolución liberal, y condenado por el magisterio de la Iglesia, recibió entre otros el nombre de laicismo. El segundo, relacionado en su inicio con una situación generada por esa ideología en la Francia del último tercio del ochocientos, aunque bautizada así más tarde. Así pues, laicismo y laicidad como términos que expresan un mismo concepto. Hoy, en cambio, parece que hay sectores interesados en contraponerlos. Principalmente el «clericalismo», no sólo progresista, sino también conservador. El laicismo (agresivo) se diferenciaría, así, de la laicidad (respetuosa), y la pareja «laicismo y laicidad» se interpretaría disyuntivamente como «laicismo o laicidad». Pero, ¿resulta fundada una tal oposición? ¿O más bien es dado hallar en la misma un simple matiz entre dos versiones de una misma ideología?[11].

____

[11] Miguel AYUSO, «La ambivalencia de la laicidad y la permanencia del laicismo: la necesidad de reconstituir el derecho público cristiano», *loc. cit.*, pp. 421-422.

El término «laicismo» tiene probablemente origen francés, pues el *Diccionario* de la Academia lo incorpora ya en su apéndice de 1842, bien es verdad que para designar una doctrina religiosa, la «que reconoce a los laicos el derecho de gobernar la Iglesia, ordenar los sacerdotes, elegir los obispos y, en ciertos casos, administrar los sacramentos»[12]. La referencia, clara, es a ciertas corrientes del anglicanismo del siglo XVI. En cuanto a la laicidad, parece tener un origen semejante, aunque posterior en el tiempo. Así, se incluye en el *Diccionario* de la Academia francesa en 1873, pero con un significado directamente más político que lexicográfico[13]. Es sabido que GAMBETTA, el 4 de mayo de 1877, había declarado en la Cámara de Diputados: «*Le cléricalisme, voilà l'ennemi!*»[14]. Y dos años después es Jules FERRY, en la sesión del 13 de diciembre de 1879, quien utiliza en el Senado la palabra «*laïcisation*», que provoca la reacción de Jean DELSOL, quien le interrumpe en latín: «*Barbara res, barbara vox*». FERRY se revuelve y pronuncia la palabra «*laïcité*». La respuesta tampoco se hace esperar: ha cambiado la palabra, pero no la cosa, que es impía[15]. Y

---

[12] Pierre FIALA, «Les termes de la laïcité. Différenciation morphologique et conflits sémantiques», *Mots. Les langages du politique* (Paris), n. 27 (1991), pp. 47-48.

[13] *Ibid.*, pp. 48-49.

[14] Parece que la fórmula es anterior y GAMBETTA la popularizó. Véase Yvon TRANVOUEZ, «"Jérôme Grévy", Le Cléricalisme? Voilà l'ennemi! Un siècle de guerre de religion en France», *Annales de Bretagne et des Pays de l'Ouest* (Rennes), n. 113-114 (2006), pp. 212-213.

[15] Cfr. Dominique GROS, «La séparation de l'Église et de l'École (1878-1886). Principes juridiques fondateurs de la laïcité scolaire», en Jean BAUDOUIN y Philippe PORTIER (eds.), *La laïcité, une valeur d'aujourd'hui?*, Rennes, PUR, 2001, pp. 51-63.

es L*ITTRÈ* quien incluye en su *Diccionario* el término «*laïcité*», junto con el de «*cléricalisme*»[16]. Hace entrada, pues, en el seno de las polémicas de la política (anti) religiosa de la III República[17]. Y se va a sobreponer, a su vez, a un laicismo que había mudado también su campo semántico.

III.　EL LAICISMO EN EL LENGUAJE DE LA IGLESIA

Laicismo fue el término que se utilizó por la Iglesia para condenar el liberalismo llegado a su mayoría de edad[18]. Pío XI, en *Quas primas*, al instituir la fiesta de Cristo Rey, para que fuera honrado por todos los católicos del mundo, entendía proveer también «a las necesidades de los tiempos

[16] Pierre F*IALA*, «Les termes de la laïcité. Différenciation morphologique et conflits sémantiques», *loc. cit.*, p. 49. Si hacemos caso de Jean M*ADIRAN*, «La política de un clero que fue republicano y el fin del MASDU», *Verbo* (Madrid), n. 503-504 (2012), p. 190, L*ITTRÉ* lo habría incluido en su diccionario ya en 1871, mientras que el término estaría ya codificado por R*ENAN* en 1882, año de una importante ley de enseñanza laica. En todo caso no podría ocultarse su procedencia ideológica, de una ideología que se alza contra la Iglesia: se trata de someterla a la ley republicana y de expulsar al cristianismo (y especialmente su moral) de toda la extensión del espacio público. Esa es la laicidad. No hay otra. De ahí su tardía y excepcional recepción por el vocabulario de la filosofía cristiana y de la teología católica, en la esperanza (vana) de dulcificarla, haciéndola «abierta» o «apaciguada». De esto hablaremos a continuación.

[17] Una panorámica, erudita y moderada, pero conformista, en Émile P*OULAT*, *Notre laïcité publique*, Paris, Berg International Éditeurs, 2003.

[18] Ramón O*RLANDIS*, S. J., «La actualidad de la fiesta de Cristo Rey», *Cristiandad* (Barcelona), n. 39 (1945), pp. 465-468.

presentes» y poner «un remedio eficacísimo a la peste que hoy inficiona a la humana sociedad». La afirmación no puede ser más neta: «Juzgamos peste de nuestros tiempos al llamado *laicismo* con sus errores y abominables intentos [...]. [I]mpiedad [que] no maduró en un solo día, sino que se incubaba desde mucho antes en las entrañas de la sociedad. Se comenzó por negar el imperio de Cristo sobre todas las gentes; se negó a la Iglesia el derecho, fundado en el derecho del mismo Cristo, de enseñar al género humano, esto es, de dar leyes y de dirigir los pueblos para conducirlos a la eterna felicidad. Después, poco a poco, la religión cristiana fue igualada con las demás religiones falsas y rebajada indecorosamente al nivel de éstas. Se la sometió luego al poder civil y a la arbitraria permisión de los gobernantes y magistrados. Y se avanzó más: hubo algunos de éstos que imaginaron sustituir la religión de Cristo con cierta religión natural, con ciertos sentimientos puramente humanos. No faltaron Estados que creyeron poder pasarse sin Dios, y pusieron su religión en la impiedad y en el desprecio de Dios» [19].

---

[19] Pío XI, *Quas primas* (1925), n. 23. En la versión original latina dice así la frase central: «*Pestem dicimus aetatis nostrae laicismum, quem vocant, eiusdemque errores et nefarios conatus*». Esto es, utiliza el término «laicismus», con una cautela que vamos a encontrar en otras versiones, y que en la castellana se sustituye con la cursiva. También en italiano aparece «laicismo», aunque con la cautela vista: «*La peste della età nostra è il così detto laicismo*». Al igual que en francés: «*La peste de notre époque, c'est le laïcisme, ainsi qu'on l'appelle, avec ses erreurs et ses entreprises criminelles*». Sólo en inglés, en cambio, se utiliza otro término, y se habla con no gran corrección de «*the plague of anti-clericalism*».

Y desgrana con claridad las consecuencias acto seguido: «Los amarguísimos frutos que este alejarse de Cristo por parte de los individuos y de las naciones ha producido con tanta frecuencia y durante tanto tiempo, los hemos lamentado ya en nuestra encíclica *Ubi arcano*, y los volvemos hoy a lamentar, al ver el germen de la discordia sembrado por todas partes; encendidos entre los pueblos los odios y rivalidades que tanto retardan, todavía, el restablecimiento de la paz; las codicias desenfrenadas, que con frecuencia se esconden bajo las apariencias del bien público y del amor patrio; y, brotando de todo esto, las discordias civiles, junto con un ciego y desatado egoísmo, sólo atento a sus particulares provechos y comodidades y midiéndolo todo por ellas; destruida de raíz la paz doméstica por el olvido y la relajación de los deberes familiares; rota la unión y la estabilidad de las familias; y, en fin, sacudida y empujada a la muerte la humana sociedad» [20].

Tal valencia negativa prosigue en el tiempo y no sólo se despliega en consideraciones doctrinales de carácter general, sino también en declaraciones que afectan situaciones bien concretas. Pío XI, por ejemplo, utilizó la palabra para identificar las causas de la persecución religiosa lanzada por la II República española [21]. Y Pío XII, al término de la

---

[20] *Ibid.*, n. 24. La citada encíclica *Ubi arcano* (1922), primera de Pío XI, explaya el lema de su pontificado: «La paz de Cristo en el Reino de Cristo». Puede verse sobre el tema Francisco CANALS, «Reflexión teológica sobre la situación contemporánea», *Verbo* (Madrid), n. 371-372 (1999), pp. 127-138.

[21] Pío XI, *Dilectisisma nobis*, 3 de junio de 1933. Con referencia a la separación entre la Iglesia y el Estado incluida en la Constitución de 1931, afirma que «no es más que una funesta consecuencia

guerra en que dio aquélla, volvía a utilizarla en un contexto bien distinto, el de la pacificación, pero con idéntica significación: «Por esto exhortamos a los Gobernantes y a los Pastores de la Católica España, que iluminen la mente de los engañados, mostrándoles con amor las raíces del materialismo y del laicismo de donde han procedido sus errores y desdichas y de donde podrían retoñar nuevamente. Proponedles los principios de justicia individual y social, sin los cuales la paz y prosperidad de las naciones, por poderosas que sean, no pueden subsistir, y son los que se contienen en el Santo Evangelio y en la doctrina de la Iglesia»[22]. Otra ocasión en la que Pío XII emplea el término, en el sentido que estamos viendo, y con referencia al campo de la educación en el ámbito hispanoamericano es ésta: «En no pocas zonas del Mundo Nuevo, los movimientos sociales y políticos, que siguieron a su independencia, vieron penetrar en el campo de la enseñanza ideas y principios que, partiendo de un liberalismo y de un laicismo que audazmente pretendían dominarlo todo, desembocaban en un monopolio escolar, con daño evidente de la integral formación cristiana y con evidente perjuicio

---

(como tantas veces lo hemos declarado, especialmente en la encíclica *Quas primas*) del laicismo, o sea de la apostasía de la sociedad moderna». Y, teniendo a la vista la «deplorable» Ley de Confesiones y Congregaciones Religiosas, encuentra en el laicismo la «intención de la ley y sus autores». Véase Miguel Ayuso, «Cuestión religiosa y Constitución en el siglo XX español», *Verbo* (Madrid), n. 383-384 (2000), pp. 283 y ss., o en *La constitución cristiana de los Estados*, cit., pp. 105 y ss.

[22] Pío XII, *Radiomensaje a los fieles de España*, de 16 de abril de 1939.

de la minoría y, muchas veces, de la inmensa mayoría católica»[23].

No hacen falta más referencias para señalar un uso lingüístico perfectamente consolidado. Cabe añadir tan sólo que, junto con el término laicismo, de acuerdo con lo que observábamos al principio de estas páginas, se utiliza en ocasiones el de secularismo, procedente de la segunda raíz que se entrelaza junto con la de laico: seglar. Sobre todo en JUAN PABLO II. Pongamos sólo un ejemplo: «El Estado, lejos de todo fanatismo o secularismo extremo, debe promover un clima social sereno y una legislación adecuada, que permita a toda persona y a toda confesión religiosa vivir libremente su propia fe, expresarla en los ámbitos de la vida pública y poder contar con los medios y espacios suficientes para ofrecer a la vida de la nación sus propias riquezas espirituales, morales y cívicas»[24].

Repárese en que en este último texto ha hecho su entrada un nuevo elemento, que va a alterar el sentido general del discurso, a saber, la libertad religiosa. Y que, al mismo tiempo, se destaca una adjetivación limitadora, «secularismo extremo», que da a entender que pueden darse otros que no lo sean[25].

---

[23] Pío XII, *Radiomensaje al V Congreso Interamericano de Educación Católica*, de 12 de enero de 1954. Nótese que habla de movimientos sociales y políticos que siguieron a la independencia. En puridad también estuvieron en su desencadenamiento. Pero Pío XII, también aquí, se muestra cauto.

[24] JUAN PABLO II, *Homilía en la plaza José Martí de La Habana*, 25 de enero de 1998.

[25] No siempre se halla tal matiz. Así, JUAN PABLO II, *Evangelium vitae* (1995), n. 21: «En la búsqueda de las raíces más profundas de la lucha entre la "cultura de la vida" y la "cultura de la muerte",

De ello vamos a tener que ocuparnos seguidamente.

## IV.	LA LAICIDAD EN EL LENGUAJE DE LA IGLESIA

¿Y la laicidad? Pues también penetra en el lenguaje eclesiástico, aunque con posterioridad al *laicismo*, al principio para oponerla a éste, formando una disyunción repetida, y luego incluso haciendo desaparecer al primero.

En Pío XII se encuentra ya la referencia a una «legítima y sana laicidad del Estado», como «uno de los principios de la doctrina católica»[26]. Que PABLO VI, años después, citándolo, aprovecha para contraponer al laicismo, en una línea que va consolidarse en el futuro: «Así la Iglesia hoy distingue entre "laicidad", es decir, entre la esfera propia de las realidades temporales, que se rigen con principios propios y con relativa autonomía derivada de las exigencias intrínsecas de tales realidades —científicas, técnicas, administrativas, políticas, etc.— y el laicismo, que

---

no basta detenerse en la idea perversa de libertad anteriormente señalada. Es necesario llegar al centro del drama vivido por el hombre contemporáneo: *el eclipse del sentido de Dios y del hombre,* característico del contexto social y cultural dominado por el secularismo, que con sus tentáculos penetrantes no deja de poner a prueba, a veces, a las mismas comunidades cristianas».

[26] Pío XII, *Discorso ai marchigiani residenti in Roma*, de 23 de marzo de 1958. Puede verse Carlos ARNOSSI, «Algunas consideraciones sobre sana laicidad y Cristiandad en Pío XII», *In Itinere. Revista Digital de Estudios Humanísticos de la Universidad FASTA* (Mar del Plata), vol. I, n. 1 (2011), pp. 97 y ss.

decíamos consistir en la exclusión en la ordenación humana de referencias morales y globalmente humanas, que comportan relaciones imprescriptibles con la religión»[27]. No se trata otra cosa que de la autonomía, calificada de relativa, de las realidades temporales.

JUAN PABLO II, por su parte, utiliza profusamente el término. Oponiéndolo también en ocasiones al laicismo. Pero connotando el término de manera distinta, a través de su conexión profunda con la libertad religiosa. El giro puede parecer en ocasiones enmascarado, pero existe. Así, por ejemplo, comienza declarando que «el principio de la laicidad, [es] de por sí legítimo, si se entiende como la distinción entre la comunidad política y las religiones»[28]. De donde extrae una consecuencia que todavía va en la línea de lo afirmado por PÍO XII e incluso PABLO VI: «Sin embargo, distinción no quiere decir ignorancia. Laicidad no es laicismo». Pero añade acto seguido: «Es únicamente el respeto de todas las creencias por parte del Estado, que asegura el libre ejercicio de las actividades del culto, espirituales, culturales y caritativas de las comunidades de creyentes. En una sociedad pluralista, la laicidad

---

[27] PABLO VI, *Discurso en la audiencia general*, de 22 de mayo de 1968. Y añade esta precisión, significativa: «Por esto la Iglesia, mientras reconoce a los seglares, a aquellos que viven en la esfera secular, es decir, sin oficios de ministerio religioso, el derecho a desarrollar libre y válidamente su actividad natural y profana, no los abandona, cuando su actividad tiene repercusión en sus conciencias; es decir, no los deja sin la doble luz de los principios y de los fines que deben orientar y gobernar la vida humana en cuanto tal».

[28] JUAN PABLO II, *Discurso al Cuerpo diplomático acreditado ante la Santa Sede*, 12 de enero de 2004. Donde cita de inmediato *Gaudium et spes*, n. 76.

es un lugar de comunicación entre las diversas tradiciones espirituales y la nación»[29]. Lo que es ya otra cosa. Un año antes, con referencia a Europa, e incluso a la Unión Europea, en la batalla por el reconocimiento de sus «raíces cristianas» en la ocasión de la elaboración de la llamada «Constitución europea»[30], manifiesta que «parece deseable que, respetando plenamente la laicidad, se reconozcan tres elementos complementarios: la libertad religiosa, no sólo en su dimensión individual y cultural, sino también social y corporativa; la oportunidad de que haya un diálogo y una consulta organizada entre los gobernantes y las comunidades de creyentes; el respeto del estatuto jurídico del que ya gozan Iglesias y las instituciones religiosas en los Estados miembros de la Unión. Una Europa que renegara de su pasado, que negara el hecho religioso y que no tuviera dimensión espiritual alguna, quedaría desguarnecida ante el ambicioso proyecto que moviliza sus energías: ¡construir la Europa de todos!»[31].

Un texto llamativo, para terminar, del final de su pontificado, es el discurso dirigido a los obispos franceses con ocasión del centenario de la Ley de Separación Iglesia-Estado en Francia[32].

---

[29] *Ibid.*

[30] Véase Miguel Ayuso, *¿Ocaso eclipse del Estado? Las metamorfosis del derecho público en la era de la globalización*, Madrid, Marcial Pons, 2005, pp. 99 y ss., y *El Estado en su laberinto. Las transformaciones de la política contemporánea*, Barcelona, Scire, 2011, pp. 48-49. Luego volveremos sobre la cuestión.

[31] Juan Pablo II, *Discurso al Cuerpo diplomático acreditado ante la Santa Sede*, 13 de enero de 2003.

[32] Juan Pablo II, *Carta al Presidente de la Conferencia Episcopal de Francia*, de 11 de febrero de 2005.

El contexto, inequívoco, marca el mensaje. Pues la Ley en cuestión fue condenada severamente en su día por Pío X [33]. Dice así el papa Wojtyla: «Bien comprendido, el principio de laicidad, muy arraigado en vuestro país, pertenece también a la doctrina social de la Iglesia. Recuerda la necesidad de una justa separación de poderes [...] que se hace eco de la invitación de Cristo a sus discípulos: "Dad al César lo que es del César y a Dios lo que es de Dios" (*Lc.*, 20, 25). Por su parte, la no confesionalidad del Estado, que es una no intromisión del poder civil en la vida de la Iglesia y de las diferentes religiones, así como en la esfera de lo espiritual, permite que todos los componentes de la sociedad trabajen juntos al servicio de todos y de la comunidad nacional». Repárese, para empezar, que la fecha es la misma que la de *Vehementer Nos*. ¿Se quería oponer el lenguaje neto y condenatorio de ésta con el —digamos— «inclusivo» y abierto de la nueva intervención? No sé si fue una buena idea hacer patente un contraste tan evidente. De estilo, desde luego. ¿Y de fondo? Merece la pena detenerse, aunque someramente, en el análisis. Se alude, al inicio, al principio de laicidad, que se afirma «pertenece a la doctrina social de la Iglesia». Eso sí, «bien entendido», según el acostumbrado lenguaje del clericalismo. Luego volveremos sobre el asunto. La equivocidad de la frase, que no se puede esquivar, por la utilización del sustantivo «separación», y no «distinción», como hacía la doctrina tradicional, se agrava porque se dirige a los obispos franceses en ocasión de una

---

[33] Pío X, *Vehementer Nos*, de 11 de febrero de 1906.

ley francesa... llamada precisamente de «separación de la Iglesia y el Estado», de 9 de julio de 1905. Así, pues, son demasiadas casualidades. Y la ambigüedad, particularmente grave y, por consiguiente, desafortunada. No acaba, sin embargo, aquí la cosa. Pues otros indicios refuerzan la peor interpretación. Así, la carta da un paso más, al establecer que el principio de no confesionalidad del Estado, «que es una no intromisión del poder civil en la vida de la Iglesia y de las diferentes religiones, así como en la esfera de lo espiritual, permite que todos los componentes de la sociedad trabajen juntos al servicio de todos y de la comunidad nacional». Llegamos, pues, a la aconfesionalidad, y habría que preguntarse: ¿también bien entendida? Porque, aquí procedería el matiz, respecto del significado de la confesionalidad más que del de su negación. También habremos de volver sobre el tema.

BENEDICTO XVI, pocos meses después, pondrá las cosas en su sitio, al modo en este caso más de la diplomacia vaticana que del estricto clericalismo, por más que a veces ambos converjan. Aprovechó la entrega de cartas credenciales del embajador de Francia ante la Santa Sede para precisar: «Su país celebra este año el centenario de la ley de separación de las Iglesias y del Estado. Como recordó mi predecesor el papa Juan Pablo II en la carta que dirigió el 11 de febrero pasado a los obispos de Francia, el principio de laicidad consiste en una sana distinción de los poderes, que no es en absoluto una oposición y que permite a la Iglesia "participar cada vez más activamente en la vida de la sociedad, respetando las competencias de cada uno"»[34]. Nótese que sólo se entrecomilla esta parte de la frase de JUAN PABLO II, mientras que la primera se refiere, cambiándola, e introduciendo el térmno «distinción» donde se había utilizado «separación», de manera mucho más respetuosa con la tradición de la Iglesia.

Se deben a BENEDICTO XVI numerosos pronunciamientos sobre la laicidad, de los que forzosamente sólo vamos a colacionar algunos ejemplos. Ha de destacarse, para empezar, la recuperación del término, que hemos encontrado primeramente en Pío XII, de «sana laicidad», a la que va a dar un uso no exactamente coincidente, sino más bien tamizado —como hemos visto en JUAN PABLO II— por la «libertad religiosa»[35]. Y, a continuación, la adición de otro ma-

---

[34] BENEDICTO XVI, *Discurso al señor Bernard Kessedjian, nuevo embajador de Francia ante la Santa Sede*, de 19 de diciembre de 2005.

[35] Siempre cabe la duda de si se trata de la libertad *de* religión o de la libertad *de la* religión. Que se presenta conectada a la de la libertad *de* conciencia y *de la* conciencia, de la que a su vez depende la objeción *de* conciencia y *de la* conciencia. La tematización del distingo, sutil, se debe al profesor Danilo CASTELLANO, *La razionalità della política*, Napoli, Edizioni Scientifiche Italiane, 1992, pp. 25 y ss. Véase también Miguel AYUSO (ed.), *Estado, ley y conciencia*, Madrid, Marcial Pons, 2010, en particular las páginas 17 y ss., escritas por el editor del volumen, y 199 y ss., obra del recién citado profesor CASTELLANO. Una monografía exhaustiva sobre los fundamentos del problema es la de Julio ALVEAR, *La libertad moderna de conciencia y de religión*, Madrid, Marcial Pons, 2013, cuyos dos últimos capítulos están referidos al magisterio eclesiástico. El mismo profesor ALVEAR ha desarrollado monográficamente la cuestión en otros trabajos, como —por ejemplo— «El debate sobre la hermenéutica: Juan Pablo II y la interpretación de la declaración "Dignitatis humanae" sobre la libertad religiosa», *Verbo* (Madrid), n. 477-478

tiz, el de la atribución a la laicidad de la condición de positiva: la «laicidad positiva». En puridad, la acuñó el presidente francés SARKOZY, al recibir al papa en Francia en 2008[36], quien la recogió inmediatamente y volvió a usarla desde entonces, por ejemplo, en la Jornada Mundial de la Paz de 2011[37].

(2009), pp. 607 y ss., y «Estudio histórico-crítico sobre el derecho a la libertad religiosa en la declaración conciliar "Dignitatis humanae"», *Revista de Derecho de la Pontificia Universidad Católica de Valparaíso* (Valparaíso), n. XXXIX (2012), pp. 639 y ss.

[36] BENEDICTO XVI, *Discurso en el Palacio del Eliseo de París*, de 12 de septiembre de 2008: «La Iglesia en Francia goza actualmente de un régimen de libertad. La desconfianza del pasado se ha transformado paulatinamente en un diálogo sereno y positivo, que se consolida cada vez más [...]. Sabemos que quedan todavía pendientes ciertos temas de diálogo que hará falta afrontar y afinar poco a poco con determinación y paciencia. Por otra parte, Usted, Señor Presidente, utilizó la bella expresión "laicidad positiva" para designar esta comprensión más abierta. En este momento histórico en el que las culturas se entrecruzan cada vez más entre ellas, estoy profundamente convencido de que una nueva reflexión sobre el significado auténtico y sobre la importancia de la laicidad es cada vez más necesaria. En efecto, es fundamental, por una parte, insistir en la distinción entre el ámbito político y el religioso para tutelar tanto la libertad religiosa de los ciudadanos, como la responsabilidad del Estado hacia ellos y, por otra parte, adquirir una más clara conciencia de las funciones insustituibles de la religión para la formación de las conciencias y de la contribución que puede aportar, junto a otras instancias, para la creación de un consenso ético de fondo en la sociedad». Nada nuevo, salvo el término, respecto de lo que hemos visto en JUAN PABLO II.

[37] BENEDICTO XVI, *Mensaje a la XLIV Jornada Mundial de la Paz*, de 1 de enero de 2011. Afirma que «el fundamentalismo y la hostilidad contra los creyentes comprometen la laicidad positiva de los Estados» y que «la dimensión pública de la religión ha de ser siempre reconocida, respetando la laicidad positiva de las instituciones estatales. Para dicho fin, es fundamental *un sano diálogo entre las instituciones civiles y las religiosas* para el desarrollo integral de la persona humana y la armonía de la sociedad».

Es digno de observar, en todo caso, un mayor esfuerzo de precisión y una mayor elaboración conceptual en sus pronunciamientos, que —sin embargo— distan mucho de resultar homogéneos y unívocos (o, cuando proceda, análogos). Tomemos un ejemplo significativo, el de un discurso de los primeros tiempos de su pontificado a los Juristas Católicos italianos[38]. En él encontramos formulaciones que nos acercan a PÍO XII o, por lo menos, a PABLO VI, antes del sarampión de la libertad religiosa. Así, comienza afirmando que la base doctrinal de la «sana laicidad», «implica que las realidades terrenas ciertamente [gocen] de una autonomía efectiva de la esfera eclesiástica, pero no del orden moral». Aunque, acto seguido, aparece el nuevo discurso, inaugurado a las claras por JUAN PABLO II: «Por otra parte, la "sana laicidad" implica que el Estado no considere la religión como un simple sentimiento individual, que se podría confinar al ámbito privado. Al contrario, la religión, al estar organizada también en estructuras visibles, como sucede con la Iglesia, se ha de reconocer como presencia comunitaria pública. Esto supone, además, que a cada confesión religiosa (con tal de que no esté en contraste con el orden moral y no sea peligrosa para el orden público) se le garantice el libre ejercicio de las actividades de culto —espirituales, culturales, educativas y caritativas— de la comunidad de los creyentes». No es despreciar, en todo caso, cláusula limitativa que se encuentra entre paréntesis, pues aunque se inserta en el nuevo paradigma, lo hace con las máximas caute-

---

[38] BENEDICTO XVI, *Discurso a los participantes en el 56.º Congreso nacional organizado por la Unión de Juristas Católicos Italianos*, de 9 de diciembre de 2006.

las. De ahí, se impone una conclusión que, aunque se corresponde mayormente con el nuevo discurso, no deja de conectar con el tradicional: «A la luz de estas consideraciones, ciertamente no es expresión de laicidad, sino su degeneración en laicismo, la hostilidad contra cualquier forma de relevancia política y cultural de la religión; en particular, contra la presencia de todo símbolo religioso en las instituciones públicas. Tampoco es signo de sana laicidad negar a la comunidad cristiana, y a quienes la representan legítimamente, el derecho de pronunciarse sobre los problemas morales que hoy interpelan la conciencia de todos los seres humanos, en particular de los legisladores y de los juristas. En efecto, no se trata de injerencia indebida de la Iglesia en la actividad legislativa, propia y exclusiva del Estado, sino de la afirmación y de la defensa de los grandes valores que dan sentido a la vida de la persona y salvaguardan su dignidad. Estos valores, antes de ser cristianos, son humanos; por eso ante ellos no puede quedar indiferente y silenciosa la Iglesia, que tiene el deber de proclamar con firmeza la verdad sobre el hombre y sobre su destino». Afirmación de la potestad de la Iglesia de pronunciarse sobre los asuntos morales, entreverada con la distinción entre laicismo y laicidad, así como envuelta en la fraseología de la dignidad de la persona[39].

Francisco, finalmente, sin cambiar la sustancia del discurso, conforme a su estilo personal, le

---

[39] Véase José Miguel Gambra, «La noción clásica de dignidad y los derechos humanos», *Anales de la Fundación Elías de Tejada* (Madrid), n. 16 (2010), pp. 31-54; Juan Fernando Segovia, «¿Una nueva doctrina social de la Iglesia para un nuevo orden mundial?», *Verbo* (Madrid), n. 499-500 (2011), pp. 763-810.

ha devuelto un carácter magmático en el modo de presentarla. Piénsese en estas palabras, pronunciadas durante la Jornada Mundial de la Juventud de 2013: «Considero también fundamental en este diálogo, la contribución de las grandes tradiciones religiosas, que desempeñan un papel fecundo de fermento en la vida social y de animación de la democracia. La convivencia pacífica entre las diferentes religiones se ve beneficiada por la laicidad del Estado, que, sin asumir como propia ninguna posición confesional, respeta y valora la presencia de la dimensión religiosa en la sociedad, favoreciendo sus expresiones más concretas [...]. Hoy, o se apuesta por el diálogo, o se apuesta por la cultura del encuentro, o todos perdemos, todos perdemos»[40]. Son cuatro, pues, las cuestiones abordadas, a saber: la referencia, a las religiones o creencias falsas, para las que emplea la denominación de cuño antropológico «tradiciones religiosas»; la laicidad del Estado, en la clave ya vista, reforzada por el rechazo de la asunción de cualquier «posición confesional»; la referencia, obligada en este contexto, podría decirse que demagógica, al diálogo, no se explicita si en la búsqueda de la verdad o del consenso, pero es de temer que sea más bien éste que aquélla[41]... Y, lo hemos dejado para el final, el MASDU[42], esto es, la «animación espi-

---

[40] FRANCISCO, *Discurso en el encuentro con la clase dirigente del Brasil en la XXXVII Jornada Mundial de la Juventud*, de 27 de julio de 2013.

[41] Manuel DE SANTA CRUZ, «Francisco y la laicidad. Un primer apunte», *Verbo* (Madrid), n. 521-522 (2014), pp. 37 y 51.

[42] La Iglesia Católica a juicio del sacerdote francés Georges DE NANTES iba camino de convertirse en un MASDU (*Mouvement*

ritual» de la democracia, sobre lo que volveremos más adelante.

V. LA CONCEPCIÓN CLÁSICA
DE LAS DOS *POTESTADES*

Si, ampliando escuetamente la síntesis con que abríamos estas páginas, y una vez desbrozado el campo de la terminología, nos empeñamos en la reconstrucción del problema[43], encontramos lo que podríamos llamar la teología política tradicional, que no tiene nada que ver con la que se ha acogido a tal nombre introduciendo mucha mercancía de contrabando.

Al igual que «clérigos» y «laicos» son elementos complementarios y correlativos de la vida de la Iglesia, «laicismo» y «clericalismo» son tendencias deformadoras, por unilaterales, en la comprensión práctica del sentido de esta vida cristiana. Tales deformaciones no se evitan sino desde la verdad íntegra, ya que la fuerza de todo error consiste en su carácter de verdad parcial[44].

---

d'Animation Spirituelle de la Démocratie Universelle). Véase Georges DE NANTES, *Liber accusationis in Paulum sextum*, Saint Parres-lès-Vaudes, La Contre-Réforme Catholique, 1973, pp. 23 y ss., o en *Pour l'Église*, Saint Parres-lès-Vaudes, La Contre-Réforme catholique, 1993, tomo II, pp. 113-118.

[43] Juan Fernando SEGOVIA, «Lo espiritual y lo temporal», *Verbo* (Madrid), n. 587-588 (2020), pp. 655-694, da un ejemplo extraordinario que vale la pena consultar.

[44] Véase Francisco CANALS, «Monismo y pluralismo en el orden social», *Verbo* (Madrid), n. 61-62 (1968), pp. 21-36. Que concluye así: «Nuestra misión es contribuir a mantener prácticamente vigente

Vamos por partes. Primero, la distinción entre clérigos y laicos. Y luego las consecuencias políticas.

Aunque entre ellos se den diferencias notables que no deben ser ocultadas —tanto en lo que respecta al orden, la jurisdicción o el magisterio—[45], sólo a los clérigos compete en la Iglesia el poder de orden y de jurisdicción, ligados estrictamente al sacramento del sacerdocio jerárquico. Y aunque todo fiel cristiano participa como miembro de Cristo de un «sacerdocio espiritual», éste es —no obstante— diverso y sólo analógicamente semejante a aquél. Otra cosa distinta es extraer de aquí la consecuencia del carácter activo de unos y pasivo de otros. Lo dijo Pío XII: «Sería desconocer la verdadera naturaleza de la Iglesia y su carácter social distinguir en ella un elemento activo, las autoridades eclesiásticas y un elemento pasivo, los seglares [...] Todos los miembros de la Iglesia [...] deben ser miembros activos»[46]. El *poder* de magisterio sólo compete como depositarios a los obispos, que en ocasiones delegan en sacerdotes o seglares su misión y la autoridad de enseñar. Y aunque apostolado del sacerdote y el del seglar difieren siempre entre sí por el carácter del sujeto, el mandato recibido de la jerarquía episcopal puede,

---

en la sociedad una unidad que salve, potencie y lleve a su perfección consumada toda pluralidad ordenada. Y esto sólo se encuentra en el Reinado de Cristo». O también, del mismo autor, «La tentación de las antítesis maniqueas», *Cristiandad* (Barcelona), n. 486-487 (1971).

[45] Francisco CANALS, «Laicismo y clericalismo. Labor de clérigos y seglares», *Verbo* (Madrid), n. 15-16 (1963), pp. 86-87.

[46] Pío XII, *Discurso a los participantes en el II Congreso Mundial del Apostolado Seglar*, 5 de octubre de 1957.

no obstante, ser en muchos casos de la misma naturaleza para unos y para otros: «La proposición a los fieles del misterio revelado viene confiada por el derecho de la Iglesia y los seglares catequistas, profesores de religión, padrinos del bautismo, y en virtud del mismo derecho natural —inderogable por derecho eclesiástico humano— a los padres cristianos en orden a la educación de sus hijos en la fe». En cuanto a la enseñanza científica o doctoral, es decir, a la transmisión de la sabiduría teológica, la vigente legislación «prevé como algo no extraordinario la colación de la *misión canónica* a los seglares al igual que a los clérigos». En cuanto a la predicación exhortativa o apostólica, «si bien no puede ser de ordinario ejercida, con carácter público, por los seglares, compete evidentemente a éstos, en la línea del apostolado, como algo fundado en su carácter de cristianos y como oficio de caridad con el prójimo. Lo mismo puede decirse de la instrucción privada, en cuanto a la proposición de la fe, de las verdades conexas con ésta y del saber teológico»[47].

Así pues, cuando se habla de la misión activa del seglar en la Iglesia conviene, sobre todo, recordar una esfera de actividad que le corresponde esencialmente, aun excluyendo toda consideración relativa a la escasez e insuficiencia del clero. Esta esfera esencial de la misión del laico cristiano es, precisamente, la *consecratio mundi,* que al decir de Pío XII se ha de realizar por «hombres íntimamente mezclados a la vida económica y social que participan en

---

[47] Francisco CANALS, «Laicismo y clericalismo. Labor de clérigos y seglares», *loc. cit.*, p. 87.

el Gobierno y en las asambleas legislativas»[48]. En este orden de cosas «la educación de una prudencia cristiana en el campo político-social —inspirada en la enseñanza y en las orientaciones de la Iglesia, pero que asuma la concreta responsabilidad de las iniciativas y actividades del seglar cristiano—, no puede ser sustituida por una dirección extrínseca, ni conviene que sea frenada o desviada por "usurpaciones" marginales a la actitud oficial y jerárquica de la Iglesia»[49].

La visión clásica o tradicional de las relaciones entre lo temporal y lo espiritual determina, primeramente, las competencias respectivas de las dos potestades, como base de su ejercicio armonioso. Como no son contrapuestas, frente las interpretaciones laicista y utópica, deben colaborar a fin de ayudar a los hombres a alcanzar fines que son naturales, esto es, propios en sí mismos y autónomos desde algún punto de vista, aunque desde otros estén jerárquicamente ordenados. La autonomía impone la colaboración, actuando cada uno en la esfera de su competencia. De ahí que mientras la Iglesia está llamada a ejercer la *auctoritas*, el poder temporal —a su vez— desempeña la *potestas*: «El ejercicio de ésta no corresponde al poder espiritual sino indirectamente (su *auctoritas* lleva consigo consecuencias en lo que respecta a la legitimidad del ejercicio de la potestad), excepcionalmente (en caso de ausencia o apartamiento perjudicial del po-

---

[48] Pío XII, *Discurso a los participantes en el II Congreso Mundial del Apostolado Seglar*, cit.

[49] Francisco CANALS, «Laicismo y clericalismo. Labor de clérigos y seglares», *loc. cit.*, p. 87.

der temporal en circunstancias que, en cambio, le impondrían su ejercicio), temporalmente (durante el tiempo necesario para resolver las cuestiones que reclaman ser afrontadas con urgencia). Así pues, el ejercicio del poder temporal no corresponde normalmente a la Iglesia. Ni directamente (gobierno hierocrático) ni simuladamente (clericalismo, que puede fácilmente encontrar espacio en las democracias contemporáneas por medio de los partidos políticos, sobre todo cuando se recurre a "partidos cristianos"). La autonomía de los dos poderes, además, postula su legitimación directa: la Iglesia, fundada por Jesucristo, la encuentra en la Revelación, en su institución, en el depósito que está llamada a custodiar y transmitir. La comunidad política la encuentra en el orden natural de las "cosas", en la naturalidad de la política, en el fin inscrito en la naturaleza humana»[50].

¿Puede llamarse a esta tesis «laicidad clásica»? Arrastrado por Pío XII lo hizo Jean OUSSET, quien se refirió a «un sano laicismo del laicado cristiano»[51]. Su punto de partida no es otro que el

---

[50] Danilo CASTELLANO, «Sobre la teología política», *Verbo* (Madrid), n. 589-590 (2020), pp. 983-1008.

[51] Jean OUSSET, «Por un sano laicismo del laicado cristiano», *Verbo* (Madrid), n. 32 (1965), pp. 77-90. La traducción eligió, discutiblemente, el término laicismo, quizá porque el de laicidad era a la sazón un neologismo en castellano. Laicismo dejaba intacta la provocación del original francés. En otros textos OUSSET completó la idea reclamando un poder temporal para el laicado cristiano, en una suerte de contra-clericalismo. Véase Jean OUSSET, *Rétablir le pouvoir temporel chrétien* du *laïcat*, Paris, Éditions Montalza, 1965. Otro autor, más oscuro que OUSSET, Denis SUREAU, «Cinq thèses pour débattre de la laïcité», *L'Homme Nouveau* (Paris), n. 1312 (2003), pp. 1-2, ha

tradicional, a saber, la distinción de lo espiritual y lo temporal, del poder religioso y del poder civil. Distinción que excluye la separación pero también la fusión. Ousset dice que excluye todo totalitarismo, sea espiritual o temporal. Pues la Cristiandad constituía un todo no totalitario[52], mientras que los Estados modernos han nacido de la voluntad de encontrar una totalidad sin religión: «Aunque la distinción de los dos poderes pueda favorecer la coexistencia de la Iglesia con un régimen político-social no cristiano, no es éste su carácter principal ni su fin esencial. Una Iglesia católica que cumpla su misión espiritual en una sociedad secularizada, musulmana, etc., no podría formar un todo con dicha sociedad, ni, *a fortiori*, un todo llamado cristiano. No obstante, que en una sociedad animada únicamente por el espíritu cristiano se impone la distinción de los dos poderes, espiritual y temporal, he aquí algo que el cristianismo ha sostenido siempre y es uno de los rasgos más característicos del orden cristiano»[53].

El marco de Ousset era *Para que Él reine*, esto es, el Reinado social de Cristo. Últimamente se ha

---

parecido sostener lo mismo muchos años después: «*Au fond, la seule saine et légitime laïcité est peut-être celle du laïcat*».

[52]   La cita de André Malraux puede resultar chocante, pero útil sin duda en el contexto del razonamiento: «*La chrétienté n'avait pas été totalitaire: les Etats totalitaires sont nés de la volonté de trouver une totalité sans religion, et elle avait connu au moins le pape et l'empereur; mais, comme l'Inde, elle avait été un tout*» (*Les voix du silence*, Paris, Gallimard, 1951).

[53]   *Ibid.*, p. 77. Puede verse Miguel Ayuso, «La Ciudad Católica y la acción política del laicado», *Verbo* (Madrid), n. 559-560 (2017), pp. 869-909.

servido del término «laicidad clásica» el profesor Danilo Castellano [54]. Ahí ofrece el cuadro el pensamiento de Dante y, por ende, el de la Cristiandad. Nada que ver en ambos casos con laicidades agresivas o atemperadas, anticlericales o clericales (demócrata-cristianas).

VI. LA LAICIDAD MODERNA Y SUS VERSIONES

Ya hemos visto cómo la laicidad moderna es en sus orígenes el laicismo. El laicismo del Estado, respecto de la Iglesia. Esa es la versión francesa. Pero hay otra. Que permaneció durante mucho tiempo acantonada en los Estados Unidos, mientras la primera se esparcía por el mundo. Hoy, en cambio, es ésta la que domina el panorama político contemporáneo. Su sustrato no es sino el americanismo que, a través de la ideología de la sociedad civil, determina la hegemonía liberal. De algún modo la laicidad francesa pertenece a las ideologías fuertes del mundo moderno, mientras que la americana se compadece mejor con la deriva posmoderna, que diluye las estructuras del Estado (no sólo del Estado moderno sino de la propia comunidad política) y la Iglesia y deja campante al mercado, de las ideologías y las religiones (*rectius* creencias) también [55]. Así pues, la separación

---

[54] Cfr. Danilo Castellano, «La laicidad católica de Dante: un problema actual», en Miguel Ayuso (ed.), *Política y derecho ante la laicidad contemporánea,* Madrid, Marcial Pons, 2022, pp. 19-35.

[55] Miguel Ayuso, «Los "dos poderes" en la encrucijada de la teología, la filosofía y la historia», *Verbo* (Madrid), n. 589-590 (2020),

de la Iglesia (de las confesiones) y el Estado se resolvería finalmente en el pluralismo nihilista. Que alcanzaría prácticamente a todo el universo, incluido el que en tiempos no tan lejanos se movía al compás de la *laïcité*, sin más excepción que la teocracia mahometana. Piénsese en la jurisprudencia de los «altos tribunales», impulsada por la «concepción dual» de los derechos fundamentales y su efecto irradiante[56], en especial de la libertad de conciencia (que incluye la libertad *de* religión), que se afirma en torno de los dos ejes de la laicidad y el derecho a la autodeterminación, ambos por lo demás estrechamente enlazados[57].

En efecto, la «laicidad» no es simple reivindicación de autonomía o de independencia de las realidades temporales, como en el pasado reclamaban diversas doctrinas definidas «laicas», que a veces condujeron al «laicismo», manifestado esencial-

---

pp. 1009-1037. Ensayo dedicado a la memoria del profesor húngaro Thomas MOLNAR, de quien en 2021 se cumplió el centenario de su nacimiento. MOLNAR, en una serie de publicaciones, pero sobre todo en *L'hégémonie liberal*, Lausanne, L'Age d'Homme, 1992, ha abordado con gran agudeza el tema, que en mi trabajo he glosado y ampliado libremente.

[56] Véase Miguel AYUSO, *El ágora y la pirámide. Una visión problemática de la Constitución española*, Madrid, Criterio Libros, 2000, pp. 117 y ss., y *Constitución. El problema y los problemas*, Madrid, Marcial Pons, 2016, pp. 145 y ss.

[57] Lo tiene afirmado explícitamente la Corte Constitucional italiana en su Sentencia n. 203/1989 (ponente CASAVOLA), habiéndolo codificado en la posterior 334/1996 (ponente ZAGREBELSKY). Pero se haya implícito en la doctrina de otras tantas. Véase, respecto del segundo de los principios, Miguel AYUSO (ed.), *La autodeterminación: problemas jurídicos y políticos*, Madrid, Marcial Pons, 2020.

mente como anticlericalismo. Hoy la laicidad se presenta en términos nuevos[58], no tanto de «laicidad excluyente» (la exclusión del fenómeno religioso respecto del ordenamiento jurídico) como de «laicidad incluyente» (la inclusión del fenómeno religioso pero como derecho al ejercicio de la libertad negativa y no como deber ejercitado en la libertad). Desde este prisma la laicidad consistiría en la emancipación como realización integral de la libertad negativa, que se convierte en laicismo cuando asume una posición militante. De las dos formas que hoy asume la laicidad, la «vía francesa» y «vía americana», la primera privilegia los derechos de la identidad colectiva y reivindica el poder de organizar la sociedad según un orden convencional cualquiera; en la segunda, que se ha extendido más allá del ámbito en que nació a causa de las aporías de la anterior, es el individuo y no el Estado quien tendría el derecho de ejercitar la libertad negativa, y el ordenamiento jurídico estatal sería instrumental a la voluntad individual. Pero si la laicidad francesa caía en la contradicción representada por el hecho de que para afirmarse verdaderamente debería sostener la indiferencia respecto de toda opción o proyecto, la americana se ve obligada a recurrir al «orden modular» para escapar de las propias contradicciones[59]. Nada quita, en cambio, para que el

---

[58] Véase Danilo Castellano, *Orden ético y derecho*, Madrid, Marcial Pons, 2010, pp. 39 y ss. Que se publicó antes que el original italiano.

[59] *Ibid.*, pp. 47-50, y (del mismo autor) *L'ordine político-giuridico «modulare» del personalismo contemporaneo*, Napoli, Edizioni Scientifiche Italiane, 2007. Sobre este autor, tan relevante, y en particular sobre esta cuestión, que tanto ha tratado, puede consultarse Mi-

perfil aparentemente suave de la laicidad dominante se torne de nuevo agresivo y amenazador. Es, además, lo que se aprecia de modo creciente en nuestro mundo.

¿Cómo se ha llegado hasta aquí? La *ratio* que caracteriza a la vía «francesa» lleva en último término no sólo a la subordinación del individuo al Estado, sino también a la pretensión de que aquél piense y quiera progresivamente como piensa y quiere éste. Así, aunque proclame reiteradamente el derecho a la libertad *de* conciencia, lo subordina a la salvaguarda del orden público, que no es necesariamente el orden, sino —con frecuencia— el desorden. Por eso, para evitar las contradicciones en que cae, en una suerte de heterogénesis de los fines, se ha parado en la conclusión de que el Estado, para ser auténticamente laico, debería profesar la «indiferencia» de toda opción y todo proyecto, porque sólo de este modo se garantizarían la libertad (negativa) y la igualdad (ilustrada), consideradas «principios» irrenunciables de los ordenamientos constitucionales occidentales contemporáneos. Se ha llegado, así, a la laicidad «americana», para la que es el individuo y no el Estado quien tendría el derecho de ejercitar la libertad negativa. El Estado (o lo que queda del mismo) sería la institución al servicio de los proyectos de la sociedad civil o, en una versión más radical y coherente, de los proyec-

---

guel A*YUSO* (ed.), *La inteligencia de la política. Un primer homenaje hispánico a Danilo Castellano*, Madrid, Itinerarios, 2015, o en *Verbo* (Madrid), n. 537-538 (2015). Y últimamente, además, Miguel A*YUSO* (ed.), *Racionalidad, orden y verdad de la política. Estudios en honor de Danilo Castellano,* Madrid, Marcial Pons, 2025.

tos individuales. Sin embargo, como no se puede prescindir de la convivencia, aun en sentido más limitado que se quiera, el derecho a la libertad *de* conciencia y, consiguientemente, la emancipación «laica» no puede tener plena realización. También la laicidad entendida según el modelo americano encuentra límites y cae en contradicciones[60].

La laicidad, por tanto, acaba en un callejón sin salida. No resuelve ningún problema político o social, sino que los agrava: «La *laicidad incluyente*, después, que a algunos ha parecido y parece como la vía para la superación definitiva de la *laicidad excluyente*, se revela todavía más absurda que ésta puesto que no puede siquiera buscar legítimamente la (falsa) solución "ideológica" de la laicidad excluyente que, aunque absurdamente, conservaba un aspecto "positivo" frente al nihilismo político y jurídico al que conducen el subjetivismo y el relativismo. La *laicidad incluyente* incurre en diversas contradicciones radicales. Bastará ejemplificar observando: 1) que no puede admitir ningún ordenamiento o, mejor, que puede admitir solamente los ordenamientos que, al gozar del consenso de aquellos a los que dirige sus mandatos, son ordenamientos inútiles, porque inútil es el conjunto coherente de normas que ordena y prohíbe lo que los destinatarios del mandato harían o dejarían de hacer por decisión autónoma; 2) que está destinada a la parálisis, puesto que un ordenamiento que aspire a tutelar el ejercicio de la *libertad negativa* representa la negación de sí mismo; 3) que la tutela de opciones

---

[60] Danilo CASTELLANO, *Orden ético y derecho*, cit., pp. 49-50.

contradictorias constituye la premisa de conflictos incurables. La *laicidad*, por tanto, tal y como actualmente se presenta, no puede dar respuesta a los problemas que la convivencia presenta. Ella, por lo mismo, es "el" problema que el *laicismo* encuentra y no resuelve, incluso que no puede resolver si antes no niega las premisas desde las que actúa. La *laicidad*, sobre todo la incluyente, por tanto, en última instancia es incompatible con todo ordenamiento jurídico»[61].

Si pasamos al campo de la llamada «cultura católica»[62], la cristiandad elaboró a principios del siglo XX una estrategia contingente en oposición de la laicidad violenta, que hoy es llamada excluyente, propia del Estado liberal decimonónico que separaba la Iglesia y el Estado. Se pensó entonces que bastaría conquistar (o conservar) los pueblos para condicionar los Estados. Fue el *ralliement* de LEÓN XIII, la *Acción Católica* de Pío XI o la «democracia cristiana» de Pío XII[63]. Francia, Italia o España siguieron caminos no exactamente iguales,

---

[61] *Ibid.*, p. 58.

[62] Miguel AYUSO (ed.), *La cultura política y los católicos: del siglo XX al XXI*, Madrid, Itinerarios, 2018; Miguel AYUSO, *La crisis de la cultura política católica*, Madrid, Dykinson, 2021.

[63] Una visión de conjunto en Bernard DUMONT, Miguel AYUSO y Danilo CASTELLANO (eds.), *Iglesia y Política. Cambiar de paradigma*, Madrid, Itinerarios, 2013. Para el caso italiano, cfr. Danilo CASTELLANO, *De christiana republica*, Napoli, Edizioni Scientifiche Italiane, 2004. Y para el español, Miguel AYUSO, «La democracia cristiana en España: una visión panorámica», *Fuego y Raya* (Córdoba de Tucumán), n. 7 (2014), pp. 55-80, y «Liberalismo y laicismo en la España contemporánea», *Fuego y Raya* (Córdoba de Tucumán), n. 16 (2018), pp. 109-139.

pero que a la larga iban a conducir a un mismo lugar: a la «nueva laicidad», esto es, la subordinación de la Iglesia al Estado aun protestando su autonomía. Esa «nueva laicidad» sustancialmente ha coincidido con la «laicidad incluyente», aunque para ello las jerarquías de la Iglesia se vean forzadas a contradecirse. En efecto, cada vez que debe afrontar una cuestión moral del orden político se ve, de un lado, compelida a reclamar su condición de guardiana del derecho natural, lo que la saca (*velis nolis*) del papel que le asigna el pluralismo. De manera que, cada vez que alega profesar el pluralismo o la laicidad, no puede hacerlo sino traicionando su misión, lo que le lleva a retorcimientos sin cuento que quitan además toda eficacia a su discurso[64].

Pero no sólo se trata de una estrategia (quizá tan sólo táctica), sino que ha calado hondo en muchos sectores eclesiásticos la necesidad de dar razón de su aceptación de la laicidad. Danilo CASTELLANO ha analizado la obra de dos autores, cardinales de relieve, uno secretario de Estado con BENEDICTO XVI y el otro el que se pensó sucedería a éste: Tarsicio BERTONE y Angelo SCOLA. Ambos, queriendo abrir un diálogo con el laicismo (sobre todo con el moderado), insisten en proponer una nueva laicidad, a veces definida como positiva. El

---

[64] Remito a Miguel AYUSO, *La constitución cristiana de los Estados*, cit., pp. 117 y ss. Donde cito el notable texto del obispo de Cuenca, José GUERRA CAMPOS, «Iglesia y comunidad política. Las incoherencias de la predicación actual descubren la necesidad de reedificar la doctrina de la Iglesia», en Miguel AYUSO (ed.), *XIV Centenario del III Concilio de Toledo. Iglesia-Estado: ¿dónde estamos hoy?*, número extraordinario de la revista *Iglesia-Mundo* (Madrid), n. 384 (1989), pp. 51-58.

cardenal BERTONE, en primer lugar, parece moverse en el horizonte de la cultura de los derechos humanos y en este ámbito parece hacer propia la tesis según la cual la laicidad, como indiferencia del ordenamiento jurídico para cualquier creencia o valor, pero al mismo tiempo garantía de todos, se convierte ella misma en valor. La laicidad sería positiva en el momento en que no pretende imponer valores por norma (como la vieja laicidad francesa), excluyendo así la posibilidad de la convivencia de los valores. Para ser positiva, pues, no debe ser portadora de un orden, sino mera condición de posibilidad de la libertad, del ejercicio de la libertad negativa individual. La garantía debe valer para todos los actos de libertad de la persona, comenzando por los religiosos. En lo que toca al cardenal SCOLA, propone un modelo de laicidad más articulada en la que la tarea del Estado laico sería interpretar y componer equitativamente las identidades y las diferencias cuyas instancias deben transformarse en derechos y deberes fundamentales[65]. CASTELLANO observa, para empezar, que ambas tesis se insertan en el horizonte de la modernidad, más aún, que han encontrado realización (al menos parcial) en la modernidad débil del americanismo político y de la doctrina politológica del Estado como proceso. En concreto, la teoría del cardenal SCOLA, a la que presta una atención mayor, y que somete a crítica severa, parece aceptar la definición de la democracia como fundamento

---

[65] Danilo CASTELLANO, «¿Es divisible la modernidad?», en Bernard DUMONT, Miguel AYUSO y Danilo CASTELLANO (eds.), *Iglesia y Política. Cambiar de paradigma*, cit., pp. 247 y ss.

del gobierno, parece aceptar también la visión del orden como resultado de la confrontación y parece finalmente asumir la democracia como instrumento para supraordenar la sociedad civil al Estado, visto necesariamente como Estado moderno y sin considerar siquiera el problema de la comunidad política. En todo caso —concluye el profesor friulano— significa el abandono virtualmente definitivo de la política como ciencia ética[66].

Esa laicidad —entendida según las exposiciones anteriores— se acomoda perfectamente al paradigma posmoderno que las Cortes constitucionales han asumido y con frecuencia forjado, al lado de la libertad de conciencia y religión. Y es que la laicidad, significa, sobre todo, una posición de autonomía en el orden de la indiferencia y, por tanto, la reivindicación de la libertad de pensamiento y de conciencia como condiciones de independencia frente a la realidad y la ética (entendida como orden moral), así como cualquier autoridad. Lo explica muy claramente: «La tesis según la cual la libertad *de* religión lleva consigo la laicidad puede parecer, a primera vista, paradójica. Quizá sea contraria a la *doxa*, esto es, contra la opinión corriente pero que no es sostenible. Si se considera, en efecto, lo que se ha dicho, por más que brevemente, parece claro que la libertad *de* religión es la negación de toda religión. Negación, sobre todo, de toda religión revelada, a la que sólo se puede adherir siempre que

---

[66] *Ibid.*, pp. 250 y ss. Recojo estas consideraciones de mi trabajo «Danilo Castellano en la tradición católica», en *La inteligencia de la política. Un primer homenaje hispánico a Danilo Castellano*, cit., pp. 290 y ss., o en *Verbo* (Madrid), n. 537-538 (2015), pp. 846 y ss.

se la transforme en creencia y en sentimiento personal, modificando así —si fuera posible— la naturaleza de la misma religión. La libertad *de* religión no es otra cosa —como acabamos de decir— que la pretensión a ver reconocida como legítima la propia creencia (incluso la atea) y, por ello, a ver reconocido el "derecho" a su profesión en público y en privado. Lo que no es sinónimo de "no coerción" en lo que toca a la fe y a la adhesión a la Iglesia. Es mucho más. Y, sobre todo, es algo distinto. ROSMINI diría que es una forma radical de impiedad»[67].

VII. CONCLUSIÓN: EL REFLEJO DE LA LAICIDAD EN LA IGLESIA

Las líneas anteriores nos han introducido en el tema que nos lleva hacia la conclusión.

Frente a la impiedad denunciada se alza la realeza social de Jesucristo, que a veces se ha llamado —con terminología que exige alguna precisión— «Estado católico»[68], cuya defensa no nace sólo de la fe sino que tiene por fundamento una exigencia

---

[67] Danilo CASTELLANO, «¿Es divisible la modernidad?», en Bernard DUMONT, Miguel AYUSO y Danilo CASTELLANO (eds.), *Iglesia y Política. Cambiar de paradigma*, cit., p. 254.

[68] Danilo CASTELLANO, *La razionalità della política*, cit., pp. 45 y ss. El texto en cuestión lleva por título «Nota sul problema dello Stato cattolico». El término es, sin embargo, ambiguo. Porque no se refiere al Estado (moderno) sino a la comunidad política. Y porque se halla bien lejos de la «confesionalidad protestante». Sobre el asunto, muy delicado, puede verse Miguel AYUSO, «Álvaro d'Ors y el tradicionalismo. A propósito de una polémica final», *Anales de la Fundación Elías de Tejada* (Madrid), n. 10 (2004), pp. 183 y ss.

racional[69]. Y es que un ordenamiento jurídico que prescinda del derecho natural clásico está destinado a convertirse en un instrumento de irracionalismo, pues donde la búsqueda de la verdad se hace secundaria no se puede alcanzar el bien y, menos aún, el común[70]. De ahí que la política no sea soberanía sino realeza, esto es, gobierno prudente que persigue el bien común[71]. Así se entiende mejor la realeza social de Nuestro Señor Jesucristo, que es la antítesis de la soberanía moderna[72], sea la del príncipe, la del pueblo, la del Estado o la del individuo. Porque es la política racional (aunque no raciona-

---

[69] Danilo CASTELLANO, *La razionalità della política*, cit., p. 52: «El problema —escribe— es "laico" antes que "religioso", afecta a la razón más que a la fe e impone a la inteligencia el acoger lo que es justo a fin de que la comunidad estatal se ordene según el derecho». Véase Miguel AYUSO, *La constitución cristiana de los Estados*, cit., capítulo 4, «El problema del Estado católico», pp. 81 y ss.

[70] Danilo CASTELLANO, *La razionalità della politica*, cit., pp. 57 y ss., donde trata del «Estado» y la educación del ciudadano. Véanse también dos autores evocados por CASTELLANO: Giovanni AMBROSETTI, *L'essenza dello Stato*, Bresciano, La Scuola, 1973, para quien la esencia del Estado plantea necesariamente el problema de la verdad; y Marino GENTILE, *Il filosofo di fronte allo Stato moderno*, Napoli, Scalabrini, 1964, p. 17, quien afirma que «el Estado es el instrumento que, en el orden querido por Dios, se nos ha dado para que disciplinándonos lleguemos mejor a ser hombres».

[71] Danilo CASTELLANO, *Introducción a la filosofía de la política. Breve manual*, Madrid, Marcial Pons, 2020, pp. 75 y ss. Es el capítulo sexto, que lleva por título «Realeza de la política y soberanía del poder».

[72] Desde otra perspectiva, lo ha visto muy agudamente Álvaro D'ORS, «Teología política. Una revisión del problema», *Revista de Estudios Políticos* (Madrid), n. 205 (1976), pp. 41 y ss. También, últimamente, Miguel AYUSO (ed.), *Cristo Rey. Teología, filosofía y política ante el centenario de la encíclica «Quas primas»*, Madrid, Dykinson, 2024, y Juan Fernando SEGOVIA, *El dogma de la realeza de Cristo,* Madrid, Consejo de Estudios Hispánicos Felipe II, 2025.

lista), que encierra la entraña de un orden que no puede referirse sino a la verdad[73].

Pero la laicidad transita otras sendas, por donde discurrieron las constituciones de los Estados desde finales del siglo XVIII y a lo largo de todo el siglo XIX, y ahora los organismos internacionales o la «construcción europea» en el posterior y el actual. Pero las viejas naciones —he escrito en otro lugar— «nacieron» cristianas, de modo que la revolución hubo de aplicarse a cancelar su filiación dejándolas huérfanas; la nueva Europa, en cambio, nace ya expósita. Además, la Iglesia, que hasta fechas recientes opuso al constitucionalismo la *res publica cristiana*, parece en cambio contentarse ahora (en una mutación ya experimentada también en las constituciones nacionales de los últimos decenios) con el recuerdo de las «raíces cristianas» (cuando no simplemente religiosas) o de la «herencia cristiana» (con el inconsciente reconocimiento de la muerte de sus principios, pues no hay herencia sin causante)[74]. *De facto*, pues, su lenguaje y su ac-

---

[73] Son los títulos de tres conocidos libros de Danilo CASTELLANO, donde recoge lo más relevante de su producción de los años ochenta y noventa, editados en la colección «La crisalide», dirigida por Francesco GENTILE para las Edizioni Scientifiche Italiane de Nápoles: *La razionalità della politica* (1993), *L'ordine della politica* (1997) y *La verità della politica* (2002).

[74] En el constitucionalismo del siglo XIX, en España, pero no sólo, porque se aplica igualmente a buena parte (por lo menos) del hispanoamericano, se mantuvo formalmente la «confesionalidad» (a veces sólo sociológica, otras con pretensiones «teológicas»), funcional en el fondo al Estado liberal. A muchos escapó y sigue escapando el matiz. Sólo el pueblo en armas contra el liberalismo (entre nosotros singularmente el Carlismo) no siguió el espejismo. En la «cuestión europea» del siglo XX, dentro de las nuevas coordenadas

ción se han alineado con los de las democracias-cristianas. Así ocurrió en la Italia de la segunda posguerra mundial y, ya en otras coordenadas, en la España de finales de los setenta y principios de los ochenta: en ambas el (sedicente) «partido de los católicos» fue el encargado de pilotar el proceso de descristianización. También en el ámbito de la Unión Europea la democracia-cristiana ha jugado un semejante papel[75].

Así pues, hay un reflejo de la laicidad estatal en la Iglesia. Lo hemos visto al tratar de la evolución

------

que hemos descrito someramente, se ha vuelto a dar una situación semejante. La «catolicidad» de los «padres fundadores» o las «raíces cristianas» se han agitado con frecuencia en los abundantes debates a que ha dado lugar. Piénsese en las intervenciones producidas durante la discusión del fallido Tratado por el que se instituía una Constitución para Europa. GISCARD D'ESTAING, expresidente francés, no consideraba oportuna una referencia a Dios, porque había asumido un significado plural en función del credo, creencia o fe de cada uno (véase Danilo CASTELLANO, *Racionalismo y derechos humanos: sobre la antifilosofía político-jurídico de la modernidad*, Madrid, Marcial Pons, 2004, p. 71). Podría decirse, y así se ha hecho, que en tal actitud actuaría un reflejo condicionado de la ideología republicana francesa, la famosa «laicidad», en puridad «laicismo». Esto es, la inclusión del nombre de Dios en un texto jurídico implicaría dejar en manos de los individuos lo que sólo puede corresponder al Estado. Ahora bien, no es menos cierto que, tomando en serio la afirmación de GISCARD, esto es, procurando ir más allá de su evidente exterioridad, e indagando el fondo de lo que está siendo objeto de discusión, es difícil negar a la tesis por él sostenida una cierta razón. En efecto, en el seno de la «ideología pluralista» la idea de Dios deja de tener un sentido unificador y evidencia contradicciones tan hondas que impiden fundar un ordenamiento jurídico.

[75] Miguel AYUSO, *El Estado en su laberinto*, cit., pp. 48-49. Es interesante el volumen de Bernard DUMONT, Gilles DUMONT y Christophe RÉVEILLARD (eds.), *La culture du refus de l'ennemi. Modérantisme et religion au seuil du XXIe siècle*, Limoges, PULIM, 2007.

del discurso eclesiástico. Que parece, en sus metamorfosis, llegar siempre tarde. En el último Concilio se quiso abrazar, tras siglos de combate en su contra, al mundo moderno. Esta intención revolucionaria de los modernistas no llegó a triunfar sino muy limitadamente en los documentos, aunque bastó para que se convirtieran en herramienta letal. Esa apertura al mundo se produjo justo cuando el mundo estaba cambiando. La modernidad fuerte se estaba disolviendo y con la posmodernidad débil difícilmente podía servir la misma táctica. Pero la Iglesia no se dio cuenta y apostó por animar espiritualmente a la democracia... a una democracia que ya no quería animación espiritual. Porque además no podía tenerla. La Iglesia ha perdido toda influencia en la mayor parte de las democracias occidentales y la laicización no busca ya seducir al catolicismo o anexionárselo, sino que parece llegado el tiempo de darle el golpe de gracia, combatiendo lo que subsiste de sobrenatural (y de natural). La sociedad posmoderna, en efecto, no es muy acogedora, y no se contenta con la indiferencia hacia la religión sino que está en guerra abierta con las muy variadas armas de la manipulación semántica, la intimidación, la corrupción moral, la exclusión y la coacción legal[76].

Esto es, la Iglesia se ha puesto a la escucha de un mundo al que no le interesa ser escuchado por la Iglesia y que, en todo caso, no quiere escucharla. Esto se daba por descontado. En otro caso no se comprendería el esfuerzo titánico por

---

[76] Bernard DUMONT, «Ouverture d'un cinquantenaire», *Catholica* (Paris), n. 114 (2012), pp. 4 y ss.

entenderse con quien no se va a dar por contento. Pero es que tampoco le interesa la atención de la Iglesia. No hay que olvidar —observaba un notable escritor francés— que el mundo democrático es hoy el del gigantesco genocidio del aborto en masa, el de la promoción moral y jurídica de la homosexualidad y de la enseñanza a los niños de una igual legitimidad de todas las orientaciones sexuales. Tener una relación de diálogo y no de condena con el «mundo» de hoy es, pues, instaurar una relación ya no de condena severa sino de diálogo respetuoso con el genocidio, la promoción de la homosexualidad y la depravación escolar de los niños. Verdaderamente, ¡qué desastre!: «Medio siglo de esta actitud conciliar, post-conciliar e hiper-conciliante no ha servido ni a la Iglesia ni al mundo democrático. Éste no ha cesado su genocidio, no ha suspendido su promoción de la homosexualidad ni disminuido su depravación moral y su mutilación intelectual de los niños. Aquélla ha conocido la caída catastrófica del número de sus sacerdotes, de la práctica de sus fieles, del peso de su influencia sobre la sociedad. Convendría prestarle algo de atención antes de pasar página sin sacar la menor lección»[77]. ¿Qué queda? El matrimonio y el orden sacerdotal, para los laicos y los clérigos. Y ahí se concentra la batalla: «Redefinir el matrimonio, redefinir la ordenación sacerdotal, en esto consiste la de-sustanciación que maquina desde hoy la democracia universal»[78].

---

[77] Jean MADIRAN, «La política de un clero que fue republicano y el fin del MASDU», *loc. cit.*, p. 193.

[78] *Ibid.*, p. 196.

La Iglesia creyó, con su actitud, que sería aceptada, y en cambio su exclusión es mayor que nunca. Pues, mundanizada en su interior, no tiene nada que ofrecer al mundo, y no se hace siquiera respetar por la fidelidad a sus propios principios. El papa RATZINGER, llegado a un cierto punto, pareció vislumbrarlo[79], aunque no salió de la maraña de la nueva laicidad, árbol enorme que procede del retoño del siglo XIX y que hoy extiende su sombra a donde nunca se pensó pudiese llegar. A la propia Iglesia, donde ha entrado, desarrollando una nueva religión connivente con aquélla[80].

---

[79] Miguel AYUSO, «La vuelta de la libertad religiosa: ¿un punto de inflexión?», *Verbo* (Madrid), n. 485-486 (2010), pp. 417 y ss.; «El callejón sin salida de la libertad religiosa», *Verbo* (Madrid), n. 539-540 (2015), pp. 989 y ss.

[80] Jean MADIRAN, *La laïcité dans l'Église*, Versailles, Consep, 2005.

ÍNDICE ONOMÁSTICO

Alonso Morán, Sabino, O. P., 118.

Alvear Téllez, Julio, 133.

Ambrosetti, Giovanni, 154.

Aristóteles, 52, 103.

Arnossi, Carlos, 128.

Astarloa Huarte-Mendicoa, Ignacio, 73.

Ayuso Torres, Miguel, 20-23, 28-30, 33, 35-37, 42-44, 46, 47, 51, 52, 54, 73, 76, 78, 79, 82, 105, 110, 112, 115, 121, 126, 130, 133, 143-145, 147, 149-151, 153, 154, 156, 159.

Bastit, Michel, 100.

Baudouin, Jean, 122.

Benedicto XVI, Papa, 132-135, 150, 159.

Bertone, Tarsicio, 150, 151.

Besse, Henri, 116.

Bigne de Villeneuve, Marcel de la, 26, 97, 98.

Bobbio, Norberto, 27.

Boecio, Anicio Manlio Torcuato Severino, 40.

Bork, Robert, 110.

Burdeau, Georges, 94.

Cabreros de Anta, Marcelino, C. M. F., 118.

Canals Vidal, Francisco, 125, 138-141.

Cantero Núñez, Federico J., 107.

Casavola, Francesco Paolo, 145.

Castellano, Danilo, 15, 20, 24, 26, 28, 30, 37, 38, 40, 43, 44, 46, 52, 76, 79, 80, 110, 111, 116, 133, 142, 144, 146, 148-151, 153-156.

Cruz Ferrer, Juan de la, 27, 89.

Dante Alighieri, 144.

Deherme, Georges, 97.

Delsol, Jean, 122.

Díez Moreno, José María, S. J., 118.

Dip, Ricardo M., 23, 34, 38.

Domingo Oslé, Rafael, 101.

Dumont, Bernard, 52, 116, 149, 151, 153, 156, 157.

Dumont, Gilles, 156.

Dworkin, Ronald, 103, 110.

Ehrlich, Eugene, 103.

Eisenmann, Charles, 87.

Elías de Tejada y Spínola, Francisco, 19, 25, 54, 56, 60, 75, 105, 106.

Favoreu, Louis, 33, 108.
Fernández de la Mora y Mon, Gonzalo, 36, 63, 65, 66, 68, 71, 72, 74.
Fernández Segado, Francisco, 40.
Ferrara, Christopher, 37, 110.
Ferry, Jules, 122.
Fiala, Pierre, 122, 123.
Fioravanti, Maurizio, 21, 26.
Fontanella, Juan Pedro, 104.
Francisco, Papa, 136, 137.
Franzese, Lucio, 47.
Friedrich, Carl J., 35.

Galvão de Sousa, José Pedro, 24, 53, 54, 56-59, 61.
Gambetta, Léon, 122.
Gambra Ciudad, Rafael, 61.
Gambra Gutiérrez, José Miguel, 136.
García de Enterría, Eduardo, 22, 90, 96.
García-Trevijano Forte, Antonio, 26.
Gentile, Francesco, 29, 44, 109, 155.
Gentile, Marino, 154.
Gierke, Otto von, 21.
Gil y Robles, Enrique, 57.
Giscard d'Estaing, Valéry, 156.
Goyard-Fabre, Simone, 86.
Grasso, Pietro Giuseppe, 23, 29.
Gros, Dominique, 122.

Guerra Campos, José, 150.

Häberle, Peter, 108.
Harouel, Jean-Louis, 76.
Hermet, Guy, 75, 76.
Hervada Xiberta, Javier, 117, 118.

Incampo, Lucio, 47.

Jerez Calderón, José Joaquín, 60.
Juan Pablo II, Papa, 127, 129-135.

Kantorowicz, Hermann, 103.
Kelsen, Hans, 30, 37, 68, 69, 103, 109.

Lagarde, Georges de, 120.
Lambert, Édouard, 26.
Legaz Lacambra, Luis, 69.
León XIII, Papa, 52, 149.
Littré, Émile, 123.
Luengo Tapia, Rafael, 69.

MacMahon, Arthur W., 35.
Madiran, Jean, 20, 123, 158, 159.
Malraux, André, 143.
Marco, Rudi Di, 79.
Maritain, Jacques, 27.
Mattiussi, Daniele, 83.
McIlwain, Charles H., 21, 108.
Miguélez Domínguez, Lorenzo, 118.
Mirkine-Guetzevitch, Boris, 29, 91.

Molnar, Thomas, 33, 77, 145.
Mommsen, Theodor, 21.
Montesquieu, Charles-Louis de Secondat, baron de, 25, 26, 86-89.
Moreno Romo, Juan Carlos, 42.
Mortati, Costantino, 29.

Nantes, Georges de, 137, 138.
Negro Pavón, Dalmacio, 23.
Nieto García, Alejandro, 33.

Oliva Santos, Andrés de la, 36, 94.
Orlandis Despuig, Ramón, S. J., 123.
Ors Pérez-Peix, Álvaro d', 20, 26, 38, 94, 100, 101, 118, 154.
Ousset, Jean, 142, 143.

Pablo VI, Papa, 128, 129, 135.
Palacios, Leopoldo-Eulogio, 41.
Pereira Menaut, Antonio-Carlos, 97, 110.
Pío X, Papa, Santo, 131.
Pío XI, Papa, 52, 123-125, 149.
Pío XII, Papa, 125-129, 133, 135, 139-142, 149.
Portier, Philippe, 122.
Portillo Díez de Sollano, Álvaro del, 120.
Postigliola, Alberto, 86.
Poulat, Emile, 123.
Puy Muñoz, Francisco, 54.

Ratzinger, Joseph, véase Benedicto XVI, Papa.
Rawls, John, 103.
Renan, Ernest, 123.
Réveillard, Christophe, 156.
Rodríguez Adrados, Francisco, 20.
Rosmini, Antonio, 153.
Rousseau, Jean-Jacques, 88, 89.
Ruiz de Galarreta Mocoroa, Alberto, 137.
Ruschi, Luis María De, 116.

Sánchez Agesta, Luis, 31.
Santa Cruz, Manuel de, véase Ruiz de Galarreta Mocoroa, Alberto.
Sarkozy, Nicolas, 134.
Savigny, Friedrich Carl von, 102.
Scalia, Antonin, 110.
Schmitt, Carl, 21, 32, 68-70, 109.
Scola, Angelo, 150, 151 .
Segovia, Juan Fernando, 34, 41, 74, 116, 136, 138, 154.
Sériaux, Alain, 19.
Sieyès, Emmanuel Joseph, 87.
Solari, Gioele, 29.
Sureau, Denis, 142.

Tomás de Aquino, Santo, 40, 51, 52.
Tranvouez, Yvon, 122.
Troper, Michel, 88.

Ulpiano, Domicio, 105.

Valadés Ríos, Diego, 117.
Vallet de Goytisolo, Juan Bms.,
26, 30, 43, 51, 52, 56, 60, 74,
86, 87, 90, 99, 102-104, 107.
Vegas Latapié, Eugenio, 29,
69, 94.
Vico, Giambattista, 44.
Vlachos, Georges C., 88.

Voegelin, Eric, 55.

Weber, Max, 68.
Wilhelmsen, Frederick D., 43.
Wojtyła, Karol Józef, véase
Juan Pablo II, Papa.

Zagrebelsky, Gustavo, 145.

Colección *Prudentia iuris*

1. Francesco GENTILE, *El ordenamiento jurídico, entre la virtualidad y la realidad* (Serie minor).

2. Miguel AYUSO, *De la ley a la ley. Cinco lecciones sobre legalidad y legitimidad* (Serie minor).

3. Álvaro D'ORS, *Bien común y enemigo público* (Serie minor).

4. Dalmacio NEGRO, *Gobierno y Estado* (Serie minor).

5. Antonio Carlos PEREIRA MENAUT, *Rule of law o Estado de Derecho* (Serie minor).

6. Juan Fernando SEGOVIA, *Derechos humanos y constitucionalismo* (Serie minor).

7. Juan Bms. VALLET DE GOYTISOLO, *¿Fuentes formales del derecho o elementos mediadores entre la naturaleza de las cosas y los hechos jurídicos?* (Serie minor).

8. Danilo CASTELLANO, *Racionalismo y derechos humanos. Sobre la anti-filosofía político-jurídica de la «modernidad»* (Serie minor).

9. Miguel AYUSO, *¿Ocaso o eclipse del Estado? Las transformaciones del derecho público en la era de la globalización* (Serie minor).

10. Pietro Giuseppe GRASSO, *El problema del constitucionalismo después del Estado moderno* (Serie minor).

11. AA.VV., *Dalla geometria legale-statualistica alla riscoperta del diritto e della politica. Studi in onore di Francesco Gentile (De la geometría legal-estatal al redescubrimiento del derecho y de la política. Estudios en honor de Francesco Gentile)* (Serie maior).

12. Juan Bms. VALLET DE GOYTISOLO, *Reflexions sobre Catalunya. Relligament, interacció i dialèctica en la seva història i en el seu dret* (Serie media).

13. Dalmacio NEGRO, *Sobre el Estado en España* (Serie minor).

14. José Joaquín JEREZ, *Pensamiento político y reforma institucional durante la guerra de las Comunidades de Castilla (1520-1521)* (Serie maior).

15. Francisco ELÍAS DE TEJADA, *Derecho político* (Serie minor).

16. Juan Fernando SEGOVIA, *Habermas y la democracia deliberativa* (Serie minor).

17. AA.VV., *Cuestiones fundamentales de derecho natural. Actas de las III Jornadas Hispánicas de Derecho Natural (Guadalajara, Méjico, 26-28 de noviembre de 2008)* (Serie media).

18. Ricardo DIP, *Los derechos humanos y el derecho natural. De cómo el hombre* imago Dei *se tornó* imago hominis (Serie minor).

19. Danilo CASTELLANO, *Orden ético y derecho* (Serie minor).

20. AA.VV., *Estado, ley y conciencia* (Serie media).

21. José Pedro GALVÃO DE SOUSA, *La representación política* (Serie media).

22. AA.VV., *El problema del poder constituyente. Constitución, soberanía y representación en la época de las transiciones* (Serie media).

23. Danilo CASTELLANO, *Constitución y constitucionalismo* (Serie minor).

24. Julio ALVEAR TÉLLEZ, *La libertad moderna de conciencia y de religión. El problema de su fundamento* (Serie maior).

25. Juan Fernando SEGOVIA, *La ley natural en la telaraña de la razón. Ética, derecho y política en John Locke* (Serie media).

26. AA.VV., *Utrumque ius. Derecho, derecho natural y derecho canónico* (Serie maior).

27. Brian McCALL, *La corporación como sociedad imperfecta* (Serie minor).

28. AA.VV., *De matrimonio* (Serie media).

29. Estanislao CANTERO NÚÑEZ, *Auguste Comte, revolucionario a su pesar. El control social contra la libertad y el derecho* (Serie maior).

30. José Luis WIDOW, *Ley y acción moral* (Serie minor).

31. Miguel AYUSO, *Constitución. El problema y los problemas* (Serie media).

32. Ricardo DIP, *Seguridad jurídica y crisis del mundo posmoderno* (Serie media).

33. AA.VV., *Consecuencias político-jurídicas del protestantismo. A los 500 años de Lutero* (Serie maior).

34. Danilo CASTELLANO, *Martín Lutero. El canto del gallo de la Modernidad* (Serie minor).

35. José Luis WIDOW, *Orden político cristiano y modernidad. Una cuestión de principios* (Serie minor).

36. Guido SOAJE RAMOS, *El grupo social* (Serie minor).

37. AA.VV., *De la democracia «avanzada» a la democracia «declamada»* (Serie media).

38. José Pedro GALVÃO DE SOUSA, *Poder, Estado y Constitución. Hacia un derecho político realista* (Serie minor).

39. Michel VILLEY, *El derecho y los derechos del hombre* (Serie media).

40. AA.VV., *¿Transhumanismo o posthumanidad? La política y el derecho después del humanismo* (Serie maior).

41. AA.VV., *La autodeterminación: problemas jurídicos y políticos* (Serie media).

42. Juan Antonio WIDOW ANTONCICH, *El cáncer de la economía: la usura* (Serie minor).

43. Danilo CASTELLANO, *Introducción a la Filosofía de la Política. Breve manual* (Serie media).

44. AA.VV., *Derecho natural y economía. La economía católica, a la luz de la ley natural y de la doctrina social de la Iglesia, frente a los problemas actuales* (Serie maior).

45. Miguel AYUSO, *De la crisis a la excepción (y vuelta). Perfiles jurídico-políticos* (Serie media).

46. AA.VV., *Política y Derecho ante la laicidad contemporánea* (Serie maior).

47. Danilo CASTELLANO, *El derecho entre orden natural y utopía* (Serie minor).

48. Miguel AYUSO, *¿El pueblo contra el Estado? Las tensiones entre las formas de gobierno y el Estado* (Serie media).

49. Juan Fernando SEGOVIA, *Los derechos humanos. Individualismo, personalismo y antinaturalismo* (Serie minor).

50. Estanislao CANTERO, *El realismo jurídico de Juan Vallet de Goytisolo* (Serie media).

51. AA.VV., *Experiencia, doctrinas políticas y derecho público. La lectura histórico-filosófica de Juan Fernando Segovia* (Serie maior).

52. Miguel AYUSO, *Moral, ética pública y política* (Serie minor).

53. AA.VV., *¿El derecho natural contra el derecho natural? Historia y balance de un problema* (Serie maior).

54. Miguel AYUSO, *Derecho natural. Defensores e impostores* (Serie media).

55. AA.VV., *Racionalidad, orden y verdad del derecho y la política. Estudios en honor de Danilo Castellano* (Serie maior).

56. AA.VV., *Persona y derecho* (Serie media).

57. Julio ALVEAR TÉLLEZ, *Los nuevos derechos humanos: la última degradación del hombre* (Serie minor).

58. Joaquín ALMOGUERA CARRERES, *Kelsen y el nihilismo* (Serie minor).

59. Javier F. SANDOVAL, *Persona y personalismo. Implicaciones jurídicas* (Serie media).

60. Miguel AYUSO, *Las tribulaciones actuales del derecho público* (Serie minor).